PRÁTICAS ≫
DA LIDERANÇA
CONTEMPORÂNEA

Joacir Martinelli

Especialista em gestão de pessoas

PRÁTICAS >>
DA LIDERANÇA
CONTEMPORÂNEA

ALTA BOOKS
GRUPO EDITORIAL
Rio de Janeiro, 2024

Práticas da Liderança Contemporânea

Copyright © **2024** STARLIN ALTA EDITORA E CONSULTORIA LTDA.
ALTA BOOKS é uma empresa do Grupo Editorial Alta Books (Starlin Alta Editora e Consultoria LTDA).
Copyright © **2024** Joacir Martinelli.
ISBN: 978-85-508-2148-1

Impresso no Brasil — 1ª Edição, 2024 — Edição revisada conforme o Acordo Ortográfico da Língua Portuguesa de 2009.

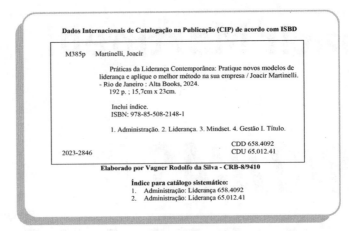

Todos os direitos estão reservados e protegidos por Lei. Nenhuma parte deste livro, sem autorização prévia por escrito da editora, poderá ser reproduzida ou transmitida. A violação dos Direitos Autorais é crime estabelecido na Lei nº 9.610/98 e com punição de acordo com o artigo 184 do Código Penal.

O conteúdo desta obra fora formulado exclusivamente pelo(s) autor(es).

Marcas Registradas: Todos os termos mencionados e reconhecidos como Marca Registrada e/ou Comercial são de responsabilidade de seus proprietários. A editora informa não estar associada a nenhum produto e/ou fornecedor apresentado no livro.

Material de apoio e erratas: Se parte integrante da obra e/ou por real necessidade, no site da editora o leitor encontrará os materiais de apoio (download), errata e/ou quaisquer outros conteúdos aplicáveis à obra. Acesse o site www.altabooks.com.br e procure pelo título do livro desejado para ter acesso ao conteúdo..

Suporte Técnico: A obra é comercializada na forma em que está, sem direito a suporte técnico ou orientação pessoal/exclusiva ao leitor.

A editora não se responsabiliza pela manutenção, atualização e idioma dos sites, programas, materiais complementares ou similares referidos pelos autores nesta obra.

Grupo Editorial Alta Books

Produção Editorial: Grupo Editorial Alta Books
Diretor Editorial: Anderson Vieira
Editor da Obra: Rosana Arruda
Vendas Governamentais: Cristiane Mutüs
Gerência Comercial: Claudio Lima
Gerência Marketing: Andréa Guatiello

Assistente Editorial: Ana Clara Tambasco
Revisão: Alessandro Thomé e Caroline Guglielmi
Diagramação: Natalia Curupana
Capa: Marcelli Ferreira

Rua Viúva Cláudio, 291 — Bairro Industrial do Jacaré
CEP: 20.970-031 — Rio de Janeiro (RJ)
Tels.: (21) 3278-8069 / 3278-8419
www.altabooks.com.br — altabooks@altabooks.com.br
Ouvidoria: ouvidoria@altabooks.com.br

Editora afiliada à:

SUMÁRIO

PREFÁCIO — COMO UM GUARDA-CHUVA TRANSFORMOU UM LÍDER? . .1

**CAPÍTULO 1 — COMO O PAPEL DOS LÍDERES NA EMPRESA
FOI DEFINIDO HISTORICAMENTE**

Seguimos scripts 3

CAPÍTULO 2 — POR QUE É TÃO DIFÍCIL SER GESTOR?

A dor de cabeça de ser um gestor 7

**CAPÍTULO 3 — AS CRENÇAS DESATUALIZADAS
SOBRE O PAPEL DA LIDERANÇA**

Por que os líderes são como são? 11

CAPÍTULO 4 — CONTEXTO ATUAL DA HIERARQUIA

Mas não funcionou até agora? 17

**CAPÍTULO 5 — OBSTRUÇÃO DO *PIPELINE* DE LIDERANÇA:
UM MAL ANTIGO E AINDA NÃO RESOLVIDO**

Empresas cheias de músculos, mas com pouco cérebro 23

**CAPÍTULO 6 — A IMPORTÂNCIA DO PROTAGONISMO
DO COLABORADOR**

Onde um não quer (ou não sabe), dois não dançam 29

CAPÍTULO 7 — LIDERANÇA AMBIDESTRA E A APLICAÇÃO DO CONCEITO ANTIFRÁGIL

Olhando o futuro para liderar no presente 33

CAPÍTULO 8 — AUTOLIDERANÇA E AUTODESENVOLVIMENTO

Vieses inconscientes, inteligência emocional, empatia
y otras cositas más.... 37

CAPÍTULO 9 — GESTÃO DAS EMOÇÕES

Desafiando as crenças que impactam o que você sente. 43

CAPÍTULO 10 — ACREDITANDO EM SI E NOS DEMAIS

Você enxerga o copo meio cheio ou meio vazio?. 51

CAPÍTULO 11 — LÓCUS DE CONTROLE: A POTÊNCIA DENTRO E FORA DE NÓS

Somos protagonistas ou apenas vítimas do meio? 61

CAPÍTULO 12 — O IMPACTO DAS BASES DE PODER NA LIDERANÇA

Você utiliza todas as ferramentas da sua caixa?. 69

CAPÍTULO 13 — O CONTRATO COMO FERRAMENTA DE GESTÃO

todos estão cientes de que atitudes se espera deles? 83

CAPÍTULO 14 — GESTÃO DA MUDANÇA SOB O PONTO DE VISTA HUMANO

A resistência esperada frente ao desconhecido 89

CAPÍTULO 15 — COMUNICAÇÃO SIGNIFICATIVA

Como "tocar" o coração das pessoas 93

CAPÍTULO 16 — NÍVEL DE MATURIDADE DA EQUIPE

Colaboradores: onde estão e para onde precisam ir?.................. 99

CAPÍTULO 17 — DELEGANDO CORRETAMENTE E ACELERANDO A CURVA DE APRENDIZAGEM (PARTE 1)

O conceito 70/20/10: planejando e delegando 111

CAPÍTULO 18 — DELEGANDO CORRETAMENTE E ACELERANDO A CURVA DE APRENDIZAGEM (PARTE 2)

Gerenciando cada nível de maturidade; a técnica I do/We do/You do e perguntas empoderadoras.. 123

CAPÍTULO 19 — GESTÃO DO DESEMPENHO

Papéis, vieses e como tratar a baixa e a alta performance 133

CAPÍTULO 20 — FEEDBACK

Uma conversa produtiva que pode transformar o colaborador 143

CAPÍTULO 21 — AINDA NÃO FOI O SUFICIENTE PARA OBTER A PERFORMANCE NECESSÁRIA?

Análise sobre a ótica dos 4 CS da baixa performance................. 151

CAPÍTULO 22 — CONVERSAS SOBRE CARREIRA E A REDUÇÃO DO *TURNOVER*

Papéis, rapport, empatia e a técnica MA³ 155

CONCLUSÃO... 171

AGRADECIMENTOS 173

REFERÊNCIAS BIBLIOGRÁFICAS 175

ÍNDICE 177

PREFÁCIO

COMO UM GUARDA-CHUVA TRANSFORMOU UM LÍDER?

ESTAMOS EM um momento de transição entre os antigos paradigmas de liderança, que se mostraram efetivos durante gerações empresariais, e as formas atuais da consciência organizacional, ampliadas pelas novas necessidades dos profissionais. As pessoas buscam relações mais sadias e humanizadas no ambiente de trabalho e os líderes muitas vezes não sabem como fazer essa transformação de *mindset* funcionar de verdade.

Dentro desse contexto, muitas vezes os gestores não sabem como conciliar suas habilidades técnicas com as responsabilidades de estar à frente de uma equipe. As *soft skills* necessárias não foram desenvolvidas como deveriam e o profissional acumula funções e tarefas, sobrecarregando-se.

De forma clara e precisa, neste livro, Joacir Martinelli fala sobre o papel da liderança, os caminhos para fortalecer as competências necessárias para fazer uma gestão efetiva, e, por fim, mostra técnicas indispensáveis na contribuição de uma liderança profissional e estratégica.

Agora vem um *spoiler*! A primeira parte traz um contexto histórico sobre o papel do líder, como foi construído e as evoluções necessárias de cada época até chegarmos ao modelo atual, com os estigmas e pré-conceitos que acompanham o profissional em sua trajetória. Já no segundo momento, Martinelli nos convida a um exercício prático com uma autoanálise sobre o desempenho de cada um em suas funções e de que maneira é possível evoluir nessa nova mentalidade.

O livro propõe uma reflexão acerca do papel dos gestores tanto no desenvolvimento individual dos colaboradores quanto na evolução coletiva da equipe. Por que os líderes são como são? De quem é a culpa das práticas sistemáticas utilizadas na liderança? E como fazer uma transformação real desse *modus operandi*? Essas e outras provocações sobre técnicas, metodologias e a construção de um novo olhar para a estrutura emocional e profissional dos gestores são questões muito bem abordadas pelo autor.

Com seus mais de trinta anos de experiência no desenvolvimento de líderes em renomadas empresas, Martinelli nos presenteia com toda sua lucidez pragmática, explorando uma visão semântica sobre as dores e os desafios, mas também as oportunidades que os líderes e gestores têm frente aos novos tempos.

Porém, não é só com estudos acadêmicos e experiências profissionais que se faz um bom gestor. É também com sua formação como pessoa atrelada, obviamente, ao caráter de seus valores e propósitos de vida. No caso de Martinelli, essas criações vieram logo de berço, embaladas pela simplicidade e pelo caráter de sua família. É imprescindível destacar que um de seus grandes aprendizados sobre como gerir pessoas vem do presente que ganhou de seus pais quando se formou na faculdade, com a seguinte mensagem: "Este é um presente útil e necessário para que você se cuide." E foi assim que o guarda-chuva tanto cuidou e tanto zelou por Martinelli, e seu significado, que ficou em seu coração, trouxe a segurança para que percorresse um caminho de sabedoria em sua transformação como um renomado profissional, reconhecido pelos grandes feitos no mercado de consultoria no Brasil.

Muito mais do que um livro, trata-se de uma literatura de cabeceira, essencial para aqueles que buscam aprender, se reciclar e agir de forma coerente em suas atuações, ou seja, para aqueles que acreditam que devem assumir o protagonismo como líderes e gestores.

Boa leitura!

VANESSA TÓFANO E PAULA FEREZIN
GESTORAS E LÍDERES DA RELATIONOW

CAPÍTULO 1

COMO O PAPEL DOS LÍDERES NA EMPRESA FOI DEFINIDO HISTORICAMENTE

SEGUIMOS SCRIPTS

VIVEMOS PAPÉIS. Muitos! No mesmo dia, desempenhamos papéis variados e, às vezes, concomitantes: profissional, mãe, pai, filho, irmão, cidadão, conselheiro, mulher, homem, amigo, amante, esposa, condômino, colaborador, gestor, provedor, mestre, aprendiz…

E o que nos faz bons "atores" nesses papéis? Nas artes cênicas, um bom ator é aquele que parece desaparecer na sua individualidade e incorporar o papel. Na sociedade, essa expectativa também existe, embora raramente discutamos sobre ela: "Isso sim é homem", "Ele é um filho exemplar", "Ela realmente entende o que é ser professora". Quando estamos em um restaurante e uma criança corre e grita sem parar, dizemos: "Mas essa criança não tem pai?" Ou seja, assim como no teatro, existem "scripts" a serem seguidos.

No teatro, quem escreve os scripts é o dramaturgo. Mas quem os estabelece para os papéis na sociedade? Ao longo das gerações, define-se o que se espera de cada papel, o que é certo e o que é errado. A cultura vai se encarregando de passar a mensagem de como cada um deve performar. No teatro, um diretor se responsabiliza por fazer com que os papéis sejam cumpridos. Na "vida real", temos um diretor poderoso: a própria sociedade, que usa de inúmeros mecanismos para difundir os papéis, reconhecer quem os cumpre bem e gerar consequências a quem ousar questionar.

Raramente temos clareza de que os papéis foram construídos historicamente. Parece ser mais "conveniente" que todos pensem que não se trata de um script, e sim do que é o "certo" a ser feito. Tomemos como exemplo o papel da mulher, já que este é um dos que mais tem sido, finalmente, discutido. Mesmo depois de tantos anos falando sobre empoderamento feminino, em média, os avanços foram modestos na representatividade das mulheres em cargos de gestão nas empresas. Em muitos países, as mulheres continuam ganhando menos em relação aos homens que ocupam a mesma função. E a violência física e psicológica contra a mulher continua sendo realidade. Note o quanto as próprias mulheres têm dificuldade de sair de um papel considerado de menos valia, ou de atribuições culturalmente destinadas a elas: cuidadora dos filhos, faxineira da casa, quem anota as reuniões e providencia o café. Por quê? Não menospreze o poder dos scripts construídos historicamente. É impossível que mensagens transmitidas de geração em geração não penetrem em nossa cabeça.

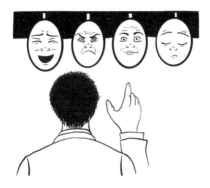

Ainda não está convencido desse poder? Vamos a só mais um exemplo, embora pudéssemos falar de inúmeros: no Brasil, cuja metade da população é afrodescendente, existe um ditado popular horrível: "Aqui não existe racismo, porque o negro sabe seu lugar." (Às vezes dá vergonha de fazer parte da raça humana). Recentemente vi um estudo muito interessante: pesquisadores mostravam vários vídeos de pessoas brancas fazendo diferentes atividades e perguntavam aos entrevistados o que achavam que estava acontecendo em cada cena e quem eram aquelas pessoas. As respostas foram mais ou menos estas: para a cena de um homem correndo: "Parece que ele está se exercitando." Para a de uma mulher fazendo tarefas domésticas em uma linda casa: "A moradora está ajeitando sua casa." E para um homem de terno preto, concluíram ser um executivo de uma multinacional. Depois, mostraram as mesmas cenas, agora com pessoas pretas fazendo exatamente as mesmas coisas. As respostas: "Acho que é alguém fugindo"; "Ela deve ser a empregada doméstica da casa"; "Ele é segurança de um shopping". O mais triste é que, provavelmente, essas mesmas respostas seriam dadas também por algumas pessoas pretas. É o racismo estrutural decorrente do sistema ideológico eurocentrista.

As expectativas criadas ao longo da história e repetidas sistematicamente influenciam fortemente como nos vemos, como enxergamos os outros e como percebemos o mundo. E induzem drasticamente a forma como desempenhamos nossos papéis. Para quase todos nós, aquilo é assim, é a verdade, e não uma história inventada e repetida anos a fio. Nem precisamos pensar muito para atuarmos em nossos papéis, pois inconscientemente sabemos o que temos que fazer. E quanto mais fazemos, mais se torna automático, é o poder do hábito.

Calma! Embora poderosos, os papéis sociais podem e devem ser atualizados. Este livro se propõe a falar do papel da gestão e da liderança nas empresas, e esta introdução ajudará a entender por que muitos gestores exercem sua liderança de forma equivocada, baseada em scripts definidos em um mundo completamente diferente daquele em que vivemos hoje. Além dessa atualização do "software mental", espero poder mostrar os caminhos para o exercício de uma liderança mais funcional e sustentável.

CAPÍTULO 2

POR QUE É TÃO DIFÍCIL SER GESTOR?

A DOR DE CABEÇA DE SER UM GESTOR

ALÉM DE EXERCER o papel de gestor desde meus 23 anos de idade (não tenho muito orgulho de como fazia isso nessa época), trabalho com o desenvolvimento da liderança desde 1995. Atuei inicialmente com pequenos empresários e depois com gestores de grandes empresas privadas e públicas, familiares e profissionalizadas. Embora sempre no Brasil, convivi com culturas gerenciais bem distintas, como as de origem latino-americana, japonesa, sueca, francesa, inglesa, italiana, nórdica e norte-americana. Acredito que consegui captar diferenças significativas e semelhanças surpreendentes na concepção do papel da liderança nos mais variados contextos.

Nos últimos anos, tenho feito com frequência a seguinte pergunta quando estou com um grupo de gestores: "O que o gestor tem de diferente ou a mais do que um colaborador individual? O que você, leitor, leitora, responderia de bate-pronto? Em um desabafo, muitos respondem sorrindo nervosamente: "Dor de cabeça." Mas a resposta mais comum é "responsabilidade". Você daria uma resposta mais ou menos nesse sentido? Esse pensamento parece sintetizar a crença mais vigente, independente da "escola" ou da cultura em que esses gestores foram doutrinados.

E, de fato, responsabilidade é uma das características mais marcantes da grande maioria dos milhares de gestores que conheci. Pessoas que levam muito a sério seu papel, muitíssimos empenhadas em fazer as coisas acontecerem. São admiráveis, pois fazem um sacrifício enorme para dar conta do papel. Isso explica o porquê de alguns responderem que têm mais "dor de cabeça" que os demais. Esses profissionais têm o meu mais profundo respeito e admiração. Merecem muita empatia, pois carregam uma responsabilidade descomunal. Precisam dar conta de expectativas pesadas e, às vezes, irrealistas vindas de seus superiores hierárquicos, dos pares e de suas equipes.

Merecem também ajuda, já que boa parte desse "sofrimento" pode ser resolvida. A primeira solução está relacionada com a compreensão correta do papel. Abordei na introdução o poder que as definições histórico-sociais exercem na forma como desempenhamos os papéis. Praticamente todo gestor carrega concepções equivocadas, ou melhor, desatualizadas, em relação ao seu papel. E esse entendimento desatualizado está enraizado também na cabeça dos profissionais de recursos humanos (RH), das diretorias e dos colaboradores em geral.

Ter essa boa compreensão é o primeiro passo, mas não é o suficiente. A segunda grande causa da vida "sofrível" dos gestores é o pouco desenvolvimento de habilidades comportamentais, as chamadas *soft skills*, para o cumprimento da função. Embora essas duas razões se misturem, neste livro falarei primeiro sobre o papel e, mais adiante, traçarei caminhos para o desenvolvimento das habilidades essenciais de liderança: aquelas que são universais, que independem da cultura, do segmento de mercado ou do nível hierárquico. Quando estivermos lá, abordarei também técnicas preciosas que contribuem muito para uma liderança mais profissional.

Minha sugestão é a de que você não pule essa parte introdutória. É compreensível querer chegar logo na parte mais "ferramental" do livro, mas não é uma boa ideia aprender o "fazer" antes de aprender a "ser". Qual seria a consequência se uma pessoa aprendesse a usar um bisturi, mas não fosse antes preparada para atuar como médico?

CAPÍTULO 3
AS CRENÇAS DESATUALIZADAS SOBRE O PAPEL DA LIDERANÇA
POR QUE OS LÍDERES SÃO COMO SÃO?

SE BRINCARMOS com a palavra "responsabilidade", dividindo-a em duas, teremos primeiro "respons", que nos faz pensar no verbo "responder", ter uma obrigação, e temos "abilidade". Assim, podemos concluir que uma pessoa com responsabilidade é alguém com habilidade em dar uma resposta, alguém com capacidade e/ou obrigação de resolver alguma coisa ou problema. Um colaborador considerado responsável é aquele que cumpre suas tarefas e resolve seus problemas sem que seja solicitado ou forçado. Ele sabe o que lhe cabe e faz o que é esperado. Ou seja, ser responsável é fazer o que é preciso por iniciativa própria, com autonomia.

Agora pense: o que uma pessoa precisa ter ou sentir para fazer algo por iniciativa própria? Certamente, o principal é sentir-se capaz de. Em latim, "ser capaz de" pode ser traduzido de "*poterit*" ou "*possum*", que também deram origem à palavra "poder". Poder ganhou uma série de significados derivados, mas no seu sentido original, quando falamos que uma pessoa tem poder, estamos dizendo que ela "é capaz de".

Bem, voltando aos papéis que são construídos sócio-historicamente, pergunto: você acha que, ao longo dos milhares de anos de história, a sociedade estimulou para que todas as pessoas se sentissem igualmente com a mesma capacidade, com os mesmos direitos e obrigações? É só estudar como as sociedades mais complexas foram se organizando e verá que, nitidamente, o que foi estimulado foi uma "hierarquia": homens têm mais capacidade que mulheres; brancos têm mais capacidade que negros; os bem-abastados têm mais capacidade que os servos, escravos e pobres. Em algumas sociedades, os mais velhos não são contrariados pelos mais novos. Estou falando de generalizações, de crenças que podem nos levar a acreditar que SEMPRE uma pessoa naquela condição tem mais "capacidade de" que outra.

O império babilônico foi muito poderoso, por isso, sua forma de pensar acabou influenciando muitas outras sociedades. Durante o governo do imperador Hamurábi, por volta de 1.772 a.C., organizou-se um sistema de leis que visava definir como todos do imenso império deveriam se comportar e resolver as coisas cotidianas. Além de esse sistema ter sido escrito na pedra, o que provavelmente significava "leis imutáveis", foi gravada, no mesmo monólito, a imagem do deus sumeriano Samas (Sol). Ou seja, atribuía-se ao "divino" aquelas orientações; logo, não poderiam ser questionadas.

Oficializando por escrito o que já era passado culturalmente, o Código de Hamurabi definia que a sociedade era organizada em três classes: homens livres (proprietários de terras), a camada intermediária (geralmente funcionários do governo) e os escravos. A distinção de poder também ficava explícita entre homens e mulheres.

Podemos identificar esse mesmo pensamento de hierarquias em diversas outras sociedades e épocas. Utilizando o Código de Hamurabi como referência, estamos falando de uma mensagem, de "scripts" repetidos há mais de 3.700 anos! O que acontece com uma mensagem, uma ideia repetida por tanto tempo? Passamos a julgar aquela forma de pensar como algo natural. É assim porque tem de ser assim, e não algo inventado pelo ser humano, conforme crenças e interesses de alguns.

Quando as pessoas acreditam que elas têm mais responsabilidade, mais capacidade de fazer algo, estamos também fazendo outras acreditarem que têm menos capacidade, que são menos responsáveis, que têm menos obrigação pela própria vida e pelos resultados, percebe?

Agora vamos focar esse processo dentro das empresas, que certamente também sofreram essa influência milenar. Dois autores são considerados os pais da administração científica e da administração clássica: Frederick Taylor e Henri Fayol, respectivamente. Ambos foram de suma importância para o desenvolvimento empresarial e, consequentemente, para a economia e a sociedade.

Bem resumidamente, podemos dizer que a principal contribuição de Taylor foi a ideia de que a empresa deve padronizar os processos de produção, de modo a fazer mais em menos tempo. Deixava claro que os gestores deveriam estabelecer esses padrões e treinar os trabalhadores para execução. Surge então o paradigma "comando e controle": caberia aos gestores a visão de toda a produção, comandando e controlando para que os colaboradores executassem conforme a melhor divisão do trabalho. Os princípios de Fayol podem ser resumidos em: planejar, organizar, comandar, coordenar e controlar. Ele defendeu a divisão da empresa por diretorias, estas organizadas em níveis hierárquicos.

Frederick Taylor e Henri Fayol, considerados os pais da administração científica e da administração clássica.

Como falei anteriormente, esses e outros princípios foram decisivos para a eficácia das empresas, e certamente boa parte deles ainda é aplicável no contexto atual. Mas eu gostaria de nos restringir à análise das relações de poder estabelecidas pelos pais da administração e, consequentemente, quais os scripts que entraram em nossa cabeça, independentemente de se somos ou não gestores.

Lembre-se de que no capítulo anterior contei que, quando se questiona sobre a principal diferença entre um gestor e um não gestor, a resposta mais comum que tenho ouvido é a de que gestores têm mais responsabilidade. Ora, da maneira como organizamos o trabalho, e que parece ser uma boa forma para muitos contextos, cada função tem uma entrega específica a ser feita. Não seria, então, mais correto acreditar que cada função tem uma responsabilidade DIFERENTE, mas que todos deveriam ser igualmente responsáveis?

Quando acredito que tenho mais responsabilidade que o outro, provavelmente acredito, ainda que inconscientemente, que tenho mais capacidade sempre, que preciso dar todas as respostas, que estas devem partir exclusivamente de mim ou que preciso saber detalhadamente tudo o que acontece na minha área. Posso acreditar também que sou o principal responsável pela motivação, pelo desenvolvimento e pela carreira dos colaboradores. E se ajo assim, estou reforçando aos colaboradores a mensagem de que eles são menos capazes de resolver as coisas com autonomia, são menos responsáveis pelos resultados, menos protagonistas de suas carreiras. Alerto mais uma vez: isso tudo pode ser inconsciente, o que faz com que gestores e colaboradores não percebam como essas crenças estão refletindo nas atitudes diárias.

Talvez você não se veja assim. E talvez não seja mesmo. Não o conheço e, por isso, não posso afirmar nada. Mas sugiro que não descarte essa possibilidade. Ao longo do livro, citarei alguns comportamentos comuns de gestores nas empresas. Talvez, ao ver essas situações, você possa se reconhecer. Caso isso esteja presente na dinâmica do seu dia a dia, saiba que os colaboradores, por mais dedicados e competentes que sejam, provavelmente não estão performando no máximo do potencial que têm e, por isso, podem estar te sobrecarregando, mais uma razão pela qual muitos gestores dizem que seu papel gera muita dor de cabeça.

É sua culpa? É culpa dos colaboradores? Por enquanto, é culpa da hierarquia de poder construída ao longo da história e que faz com que nos comportemos no automático, acreditando que precisa ser assim. Mas se houver um aumento de consciência sua e de seus colaboradores sobre esse fenômeno e, mesmo assim, a dinâmica não mudar, aí, sim, será responsabilidade de vocês.

CAPÍTULO 4
CONTEXTO ATUAL DA HIERARQUIA

MAS NÃO FUNCIONOU ATÉ AGORA?

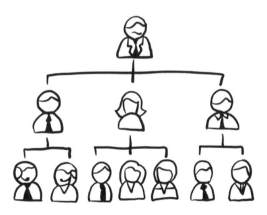

ACHO IMPORTANTÍSSIMO debater sobre os efeitos colaterais que a humanidade sofre por crer na hierarquia, em acreditar que há pessoas que sempre sabem e podem mais que outras. Mas não é o foco neste livro.

Incentivo para que, sempre que possível, você reflita sobre essa questão de maneira mais ampla, não apenas no âmbito empresarial.

Agora, falando sobre isso nas empresas: como vimos, "papais" Taylor e Fayol deram ainda mais ênfase à ideia de que algumas pessoas, por alguma característica social ou pessoal, são sempre as que devem dar a resposta e resolver os problemas. Mas, se as ideias de ambos deram certo e ajudaram na evolução das empresas, qual o problema?

Considere que praticamente todas as crenças, especialmente as que perduram por muito tempo, devem ter obtido esse status porque foram funcionais, ou seja, deram certo, trouxeram ganhos. Então, quando crenças/paradigmas viram um problema? Especialmente quando se tornam rígidas e/ou generalizadas. E isso ocorre principalmente quando o contexto em que a crença surgiu e funcionou muda, mas o "hardware" das pessoas continua funcionando baseado no mesmo "software" do contexto anterior.

Por exemplo: meus pais eram pequenos agricultores e plantavam café. Precisaram de muito esforço físico para ter uma vida digna. A crença de que só se vence na vida com muito esforço físico fazia total sentido ao contexto em que viviam. Quando nasci, a situação deles já era outra: moravam na cidade, e eu acabei tendo acesso a condições muito diferentes das deles. Mas tive de parar no hospital até perceber que a "crença" de que eu só me daria bem profissionalmente se me matasse de trabalhar estava sendo um software rígido e generalizado. (Até hoje meu pai se despede de mim dizendo "estou rezando para Deus te mandar muito trabalho").

Taylor e Fayol escreveram seus principais trabalhos aproximadamente entre 1915 e 1920, na fase chamada Segunda Revolução Industrial. Nesse momento, houve um aperfeiçoamento das tecnologias já desenvolvidas, destacando-se, ainda, o uso do petróleo substituindo o carvão, a aplicação da eletricidade nas fábricas e a troca do ferro pelo aço.

O número de fábricas aumentou significativamente, o que também estimulou um grande êxodo rural. Então, agricultores e artesãos formavam o perfil mais comum do trabalhador, geralmente com nenhuma ou baixíssima escolaridade e informação, o que os limitava provavelmente a tomar decisões no ambiente fabril. Pela natureza do trabalho anterior que tinham executado, seguir um padrão rígido não era necessário.

Também estavam habituados a cuidar de todo o processo produtivo, do preparo da terra à colheita e comercialização de sua produção. Imaginem como deveria ser desafiador conseguir com que essas pessoas seguissem uma rotina rigidamente padronizada e que trabalhassem apenas em um pedacinho fragmentado de todo o processo. Talvez fosse melhor não os estimular a ter iniciativa.

E como era a concorrência, comparada ao que temos hoje? A célebre frase de Henry Ford (1918) parece ser perfeita para explicar isso: "O cliente pode ter o carro da cor que quiser, contanto que seja preta." Clientes tinham pouquíssimas opções de escolha de produtos e fornecedores. Fora isso, não existiam leis consistentes de proteção ao consumidor, que sequer dispunha das redes sociais para expor ao mundo quando ficava insatisfeito com o que havia comprado! Ou seja, a força do cliente era muito menor do que a atual. Logo, a necessidade de oferecer produtos e serviços melhores e de gerar uma experiência incrível de compras era algo praticamente insignificante. Inovações e melhorias eram quase dispensáveis, se comparadas ao que representam na atualidade.

Por fim, se equipararmos as mudanças que vivemos na Era Digital em relação às décadas anteriores, percebe-se que tivemos um período bem mais estável e previsível do que o atual. Essa razoável estabilidade permitia que um especialista, um excelente técnico, um chefe que veio da operação e que dominasse o processo, fosse capaz, sozinho, de dar uma solução aos problemas diários.

Vamos usar dois esportes diferentes para entender mais facilmente essa diferença entre o hoje e as décadas passadas. O mundo era, até pouco tempo atrás, como um lago de águas razoavelmente calmas. Um lago que permitia a prática do remo. Consegue se lembrar da imagem de um remo com vários remadores enfileirados? Eles remam de costas para onde estão indo. Em algumas modalidades desse esporte, para guiar o caminho, existe um membro da equipe que não rema (não coloca a mão na massa), que fica virado para o rumo para o qual o barco vai e dá o sentido e o ritmo aos outros membros da equipe. Cabe aos demais atletas praticamente executar seguindo as orientações do timoneiro. E está tudo bem! Isso é perfeitamente aplicável às condições em que esse barco se encontra.

Mas o mundo não é mais esse lago de águas tranquilas. É volátil, incerto, complexo e ambíguo. Estamos em corredeiras, passando por pedras, ondas e redemoinhos. O esporte agora é o rafting: um bote também com remadores e um líder que ainda tem o papel de auxiliar o time a atingir o objetivo. Mas você já imaginou como os atletas do bote, diferente daqueles do remo, não podem depender de um timoneiro dando o caminho? No rafting, todos precisam ter muito mais autonomia e iniciativa, isso é, uma horizontalização do poder.

Imagine que, em alta velocidade e na turbulência da correnteza, um dos remadores enxergue uma grande e cortante pedra camuflada pela água, a meio metro e bem na direção à qual o barco se dirige. E que esse remador tenha sua atitude pautada na crença inconsciente de que seu líder sabe mais, tem mais capacidade de decidir o que precisa ser feito para que o bote não se choque com a pedra. Não há tempo para esse "colaborador" levar o problema ao seu chefe e esperar uma resposta. O bote corre perigo!

A falta da horizontalização do poder e do desenvolvimento pleno da atitude protagonista de todos os colaboradores gera morosidade em um mundo que não espera mais. Além disso, lidamos com problemas tão mais complexos, que dificilmente uma ou poucas pessoas da cúpula da empresa conseguirão sozinhas achar as melhores soluções. A inovação plena e ágil advém de muito mais de um processo coletivo de concepção do que da capacidade criativa de um ou outro.

Uma empresa que não gera a responsabilização plena a todos, que não aproveita o potencial completo dos colaboradores, que sofre com as falhas e demoras da comunicação nos processos decisórios rigidamente hierarquizados não é funcional em um mundo em que o cliente tem o poder de escolher entre muitos fornecedores (às vezes, de qualquer lugar do mundo). Ou que pode tornar sua insatisfação conhecida para milhares de outros consumidores apenas apertando um "publicar" ou um "compartilhar".

É verdade que muitas empresas continuam tendo lucro e prosperando mesmo com líderes e colaboradores agindo sob o mando do script "comando e controle". Mas acredite: o esforço para se ter esse resultado deve estar sendo muito maior do que seria necessário. Ou muito provavelmente o resultado positivo não representa o máximo potencial que conseguiriam se estivessem com o "software atualizado". Além disso, possivelmente em algum lugar, um concorrente pode estar avançando em relação à cultura adotada. Resumindo: ou a empresa já está pagando um preço, ou uma hora a conta chegará!

CAPÍTULO 5

OBSTRUÇÃO DO *PIPELINE* DE LIDERANÇA: UM MAL ANTIGO E AINDA NÃO RESOLVIDO

EMPRESAS CHEIAS DE MÚSCULOS, MAS COM POUCO CÉREBRO

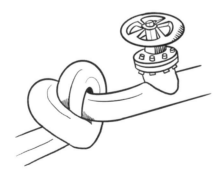

TRATEI DA crença definida sócio-historicamente que faz com que gestores inconscientemente acreditem SEMPRE que sua equipe não terá a mesma capacidade que ele para fazer o trabalho com autonomia. Além desse script, gostaria de salientar outro agravante que afeta um número considerável de gestores e líderes nas empresas.

Aliás, abrindo parênteses, é preciso falar também desses dois papéis: ser um bom gestor não significa ser um bom líder. E ser um bom líder também não significa ser um bom gestor. São conceitos diferentes, mas complementares. Existe um contrassenso entre os consultores, pois alguns dizem que o importante é ter liderança. Há glamour em ser líder e um certo menosprezo pelo gestor. Eu discordo. Acredito que tão importante quanto ter liderança é saber fazer gestão. Uso a analogia de que são duas pernas e ambas devem ser bem desenvolvidas para o profissional poder correr.

Durante os treinamentos que realizei nesses mais de trinta anos em atividade, conheci excelentes gestores, que sabiam planejar, organizar as tarefas, distribuir o trabalho, fazer o acompanhamento da rotina, mas que não tinham a capacidade de inspirar as pessoas. O inverso também acontece. Pessoas com uma incrível capacidade de influenciar, mas que não sabem como fazer a gestão, e as equipes ficam desorganizadas, sem processos e métodos que poderiam facilitar muito o trabalho. Fecha parênteses.

Vamos refletir sobre uma dificuldade comum em todas as empresas em que já trabalhei. E é um universo bem amplo: foram mais de cinco mil treinamentos de presidentes, diretores e gerentes com atuação nos mais diversos segmentos, do financeiro ao automotivo. Em níveis diferentes, todas, sem exceção, compartilham do mesmo problema.

Por que, via de regra, uma pessoa é promovida a um cargo de gestão? Porque a pessoa é muito boa no que faz, no operacional. Antes de ser promovido a um cargo de gestão, o colaborador tem de gerenciar a si mesmo para o trabalho sair, ou seja, depende especialmente de seu próprio esforço para fazer entregas e atingir os objetivos propostos. Quando esse profissional é promovido e começa a liderar os outros, geralmente começam os maiores problemas.

Uma promoção é normalmente motivo de comemoração. Ser reconhecido pelo bom desempenho é sempre algo positivo. Porém, poucas companhias preparam os colaboradores para esse momento. Ele se formou em uma faculdade, fez pós-graduação, tem MBA, experiência de muitos anos em sua área de atuação, mas ao ocupar um cargo de gestão, suas atribuições mudam, e a principal delas passa a ser gerir pessoas, para a qual, na maioria das vezes, não se preparou.

Ao assumir essa nova posição, há uma grande pressão por resultados imediatos e avaliações por todos os lados: a organização quer saber se foi uma boa escolha; os colegas do mesmo nível querem saber se o "novato vai dar conta"; a equipe de onde foi promovido se questiona "por que ele e não eu?", bem como o superior direto, que também será cobrado. Soma-se à pressão a complexidade de lidar com pessoas, com pensamentos, personalidades, atitudes e formas de lidar com o trabalho únicas.

Quando começa a passar tarefas para os colaboradores, o gestor pode perceber que não será algo tão simples e que nem todos estão comprometidos como ele era. Pensando em suas entregas, nos prazos a serem cumpridos e considerando que sabe fazer o operacional — que é a sua zona de conforto —, ele não pensa duas vezes: ele faz! Começa a trabalhar "no nível de baixo", ou seja, fazer as tarefas que fazia antes da promoção.

Às vezes, ele não faz com as próprias mãos, mas transforma a equipe em extensões de seus braços. Nesse caso, as pessoas executam exatamente o que ele pede, o pensamento crítico continua com ele, que diz o que cada um deve fazer. Ele não incentiva o time a pensar, a resolver as questões; ele toma para si todas as decisões.

Essa dinâmica é uma questão complexa e reflete no desempenho de toda a organização. Começando pelo próprio time, que fica acomodado e não se desenvolve profissionalmente. Uma expressão comumente utilizada para descrever essa situação é a "síndrome de Branca de Neve": ela é tão maravilhosa, que ao redor só tem anões. Ou seja, o gestor é tão bom para resolver as coisas, que não precisa de pessoas tecnicamente maduras ao seu redor, só de executores. Esse colaborador terá menos empregabilidade, pois não desenvolveu outras capacidades, não foi exposto a problemas diversos, tendo de resolvê-los por conta própria. E esse time tende a ser menos engajado, pois é mais difícil achar sentido no que se faz quando se está apenas obedecendo, sem refletir.

Outro problema é o desenvolvimento de sucessores: na dinâmica descrita anteriormente, em uma próxima oportunidade de promoção, ninguém estará preparado para assumir novos desafios, pois não desenvolveram a "musculatura" necessária. O próprio gestor começa a ficar sobrecarregado. Em vez de se dedicar à nova função, continua boa parte do seu tempo na antiga, deixa a parte estratégica em segundo plano e atua resolvendo o que é urgente, e não o que é importante. Nunca consegue finalizar todas as tarefas que planejou para o dia, porque se envolve com questões que seu time deveria resolver, mas passa para ele.

E quem cobrirá o "buraco" deixado, já que esse gestor não está conseguindo desempenhar algumas atividades esperadas, uma vez que seu tempo está sendo gasto com outras? O seu superior imediato. Mais um que se envolve com tarefas que deveriam ser resolvidas por outras pessoas. Com o passar do tempo, a empresa toda está atuando assim, o que reflete diretamente nas entregas e na velocidade de execução: diretores agindo como gerentes, gerentes agindo como coordenadores, coordenadores como analistas, analistas agindo como "músculos"...

Essa dinâmica nefasta, chamada de obstrução do *pipeline* de liderança, foi descrita há mais de dez anos pelo autor Ram Charan, mas continua sendo mais comum do que se imagina. As empresas conseguem, mesmo assim, ter lucro? Provavelmente sim, mas não no potencial máximo que poderiam. E as metas serão atingidas com um esforço muito maior do que seria necessário. Convido você a pensar se essa realidade não é bem conhecida sua!

Essa dinâmica já gerava consequências e, com a pandemia do coronavírus e a aceleração da transformação digital, tornou-se ainda mais preocupante. O crescimento de negócios com um modelo diferenciado, mais ágil e focado no cliente, evidenciou a necessidade de mudança nas companhias que querem se manter competitivas.

Uma das principais razões pelas quais elas não conseguem ser ágeis é porque as decisões que deveriam ser tomadas nos níveis mais baixos sobem a hierarquia, sobrecarregando o topo da empresa e deixando tudo mais demorado.

Isso é a antítese do que imaginamos ser uma empresa ágil e inovadora. Ela não é inovadora porque, quanto mais age dessa forma, menos as pessoas pensam. Elas não precisam pensar. Apenas apresentam o problema e executam a solução, o que diminui a *accountability*, ou seja, assumir a responsabilidade pelo resultado da ação, pelo seu próprio trabalho. A *accountability*, habilidade tão valorizada e comentada atualmente, só acontecerá se o colaborador está sendo responsabilizado. Se é o gestor quem resolve tudo, reforça-se o script da hierarquia de poder.

O desenvolvimento da competência de liderança aliada ao protagonismo do colaborador é a chave para iniciar a transformação e ressignificar a relação entre a cadeia de liderança e os colaboradores. É um processo dialético, e todos precisam seguir juntos, aprendendo a "dançar um novo ritmo", um novo script dos papéis. Sabemos, pela neurociência, que quando nos comportamos da mesma forma por anos e somos reforçados positivamente, conseguindo resultados, isso vira um hábito. Por isso, o colaborador que não sabe tomar decisões sofre um impacto emocional se a mudança for repentina. A construção deve ser conjunta e gradual.

Como resolver isso? Como mudar essa dinâmica? O primeiro passo é não naturalizar esse tipo de liderança e reconhecer que há um problema. O segundo é iniciar a mudança, criando mecanismos para cair menos nesse ciclo e aprender técnicas para estimular o desenvolvimento da equipe, para incentivar o protagonismo. Só assim será possível que o gestor saia da operação e, consequentemente, todos os demais níveis hierárquicos se ajustem para entregar o que realmente se espera deles.

CAPÍTULO 6

A IMPORTÂNCIA DO PROTAGONISMO DO COLABORADOR

ONDE UM NÃO QUER (OU NÃO SABE), DOIS NÃO DANÇAM

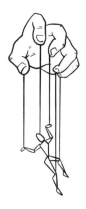

NOS CAPÍTULOS anteriores, contextualizei como o papel do colaborador e do gestor foi construído historicamente e como o mundo atual tem características que exigem uma atualização desses scripts. Destaquei a importância de uma atuação diferente do gestor para que "um novo ritmo seja dançado" nas empresas. Mas para que a nova dança ocorra, o "casal" precisa entrar nesse novo ritmo! Embora o papel do gestor seja destacado, já que é este quem detém mais poder de mudança dentro de uma organização, não te enganarei: você não é onipotente. Se os colaboradores não entenderem também a nova expectativa e não desenvolverem algumas atitudes diferentes, será bem difícil.

Há anos trabalho também com o desenvolvimento do intraempreendedorismo. Atualmente, é mais comum chamarmos esta competência de "atitude protagonista", "*accountability*", "*ownership*" e outras nomenclaturas, cada uma carregando algumas nuances em seus significados. Em 2021, criei, com a equipe da Duomo Aprendizagem Corporativa, um *e-learning* para estimular o desenvolvimento dessa atitude. O programa usa uma tecnologia totalmente interativa e permite, entre outras coisas, que sejam coletadas muitas informações dos participantes, o que dá a possibilidade de diagnosticar algumas coisas.

Muitos colaboradores (não gestores) de grandes empresas já fizeram esse treinamento. Embora as empresas sejam de segmentos distintos (automotiva, telefonia, tecnologia, *agrobusiness*), o diagnóstico obtido em relação aos participantes é muito similar. Note a gravidade daquilo com que precisamos lidar dentro das organizações: no início do *e-learning*, os participantes respondem como se viam em relação à competência tratada naquele treinamento, ou seja, achavam que já eram protagonistas. Em média, até o início de 2022, 55% dos respondentes se viam plenamente protagonistas dentro da empresa. Dezenove por cento disseram que, embora fossem, achavam que ainda poderiam melhorar, e 20% disseram que não percebiam essa característica em si. O restante disse que não sabia.

Pelo tamanho da amostragem, não é possível considerar que se trata de um resultado científico, mas mesmo assim é possível fazer algumas reflexões: 74% dos respondentes acham que já têm essa característica, sendo que a maioria acredita que nem precisa mais melhorar! Mas observe as inconsistências dessa autoavaliação. Ao longo do *e-learning*, os participantes são orientados a responder, com muita sinceridade, por meio de respostas anônimas, como eles se comportavam em algumas situações no dia a dia. Veja que contraste das respostas a seguir com o que seria, de fato, uma postura protagonista.

Perguntamos qual é a primeira atitude tomada quando se depara com um problema operacional, deixando claro que seria uma situação que, embora fuja do cotidiano, diz respeito ao trabalho dele. Antes de dizer o resultado dessa questão, pergunto a você, leitor: o que uma pessoa com perfil protagonista, ou seja, com iniciativa, proatividade e autonomia, faria ao se deparar com um obstáculo pertinente à sua função? Espero que você tenha respondido algo como: tentar resolver o problema. Porém, 66% dos respondentes disseram que procuram seus gestores, ou para perguntar o que fazer ou para "pelo menos trocar uma ideia". Não é coincidência! Tirando os casos em que o problema realmente está além da capacidade técnica do colaborador ou de sua alçada de decisão, essa atitude é reflexo da construção sócio-histórica que diz aos nosso inconsciente quem tem mais e quem tem menos capacidade.

Em outro momento do *e-learning*, é perguntado o quanto os participantes se sentem autoconfiantes e preparados tecnicamente para tomar decisões relacionadas ao seu perímetro de trabalho. Lembre-se de que 55% desses mesmos participantes disseram, no início, que se acham plenamente protagonistas. Porém, nessa pergunta, 71% disseram que não se sentem seguros e preparados — segundo eles, o maior problema é a autoconfiança. Ora, se eles não tomam as decisões, quem tem de tomá-las? Você consegue dimensionar o "problemão" que isso gera para os gestores e para a empresa? E, pior: embora grande, é um problema invisível, pois quem o vive acha que essa dinâmica entre líderes e liderados é normal, que só poderia ser assim.

Foram feitos vários outros questionamentos: sobre a regularidade com que os participantes sugerem melhorias, apenas 24% responderam que fazem isso com frequência. Como as empresas se veem obrigadas a se aperfeiçoar constantemente, para quem "sobra" então o desafio da melhoria contínua? Ter um processo mais horizontalizado de distribuição de responsabilidades é fundamental para o crescimento de toda a equipe e da empresa. É necessário, então, que o colaborador também saia da zona de conforto e, assim, possa dar conta da operação com autonomia. O estímulo deve ser constante para que, aos poucos, o *mindset* estabelecido há tantas décadas seja transformado.

Quando cada um da equipe consegue atingir seu máximo potencial, os resultados aparecem. Um colaborador confiante tem a segurança para sugerir soluções diferentes dos comandos do gestor, sem medo de retaliação, o que pode gerar saídas mais criativas. O envolvimento em questões estratégicas faz com que perceba que sua atuação é fundamental para o sucesso da empresa, estimulando o senso de pertencimento, o "olhar do dono" e o empenho em contribuir com questões que não estão diretamente ligadas às tarefas de rotina.

Por outro lado, o gestor terá mais tempo para cuidar não apenas do cotidiano, mas para exercer uma liderança ambidestra, conceito que explicarei no próximo capítulo.

CAPÍTULO 7

LIDERANÇA AMBIDESTRA E A APLICAÇÃO DO CONCEITO ANTIFRÁGIL

OLHANDO O FUTURO PARA LIDERAR
NO PRESENTE

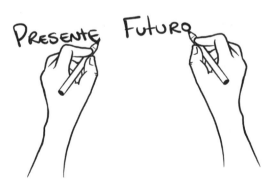

O PROFESSOR libanês Ph.D. da Universidade de Nova York e mega-investidor Nassim Nicholas Taleb criou um conceito que ficou muito conhecido: o antifrágil. Segundo Taleb, os sistemas se beneficiam quando sofrem algum nível de agressão ou estresse, ficando mais fortes a cada obstáculo superado. Os músculos do corpo humano, por exemplo, se fortalecem com a prática de atividades físicas.

Mas em alguns casos, o golpe pode acabar com o sistema, por isso é necessário estar atento aos pontos de fragilidade, para diminuí-los ou eliminá-los enquanto há tempo. Isso seria a ideia de antifrágil. Infelizmente, muitas empresas quebraram durante a pandemia do coronavírus, mesmo algumas que iam razoavelmente bem. Colocando em prática nas finanças, o ideal é ter múltiplos e balanceados investimentos. Se algo der errado, provavelmente um compensará a perda dos demais. Enquanto grande parte dos investimentos caiu com a pandemia, o ouro disparou, por exemplo.

É importante destacar que antifrágil é diferente de resiliente. A resiliência, na física, acontece quando algo sofre um impacto, tem uma deformação momentânea e volta ao normal, como a borracha. O antifrágil se fortalece com a adversidade, "absorve o golpe" e fica mais forte com ele, melhorando sua performance a partir do impacto.

Acredito que o conceito de antifrágil se aplica muito bem à liderança. O gestor deve estar atento a todos os cenários, identificar os pontos de fragilidade e preparar estratégias para possíveis situações de risco. Na prática, um líder antifrágil tem uma atuação extremamente estratégica. É como se enxergasse além do que acontece: ele estuda as possibilidades, cria cenários e age para minimizar os riscos.

Um dos principais papéis do gestor é identificar as fragilidades de sua equipe e agir para diminuí-las ou solucioná-las. Mesmo que sua equipe e área estejam bem, você já refletiu sobre esses pontos de atenção? A equipe sabe operar o dia a dia e tomar decisões mesmo em sua ausência? Você tem sucessores preparados? Caso alguém deixe de trabalhar, vocês poderão perder um *know-how* importante? Se uma colaboradora ficar grávida, quem assume suas tarefas? E se alguém ficar doente? E se aquele coordenador que sabe de tudo decidir mudar de emprego ou simplesmente precisar se ausentar por alguns dias, a equipe continuará cumprindo as metas?

E se for algo ainda maior? Taleb também tornou conhecido o conceito de Cisne Negro, como ele define algo inesperado, de grande impacto, que foge do previsto, como vivenciamos com a chegada do coronavírus.

Não se trata de prever o que gerará a crise; o pensamento a ser aplicado é: independente do que ocorra — e algo ocorrerá —, onde estão os pontos que deixarão meu sistema mais frágil?

Um líder antifrágil cuida da operação diária e tem também uma atuação estratégica, sendo essa uma das características da liderança ambidestra. Um dos principais papéis atuais do gestor é identificar essas fragilidades da equipe e agir para diminuí-las ou solucioná-las, elaborando soluções em curto, médio e longo prazo.

Como vimos nos capítulos anteriores, uma das principais fragilidades das empresas é que as equipes não têm um nível de maturidade técnica e emocional para performar com autonomia. Passei por essa experiência há alguns anos. Havia uma gestora excepcional no meu time; era comprometida, tinha iniciativa, detectava qualquer necessidade e já se preparava, estudava constantemente, e sua equipe batia todas as metas, graças ao microgerenciamento dela. Ela dizia o que fazer o tempo todo e, assim, era interrompida constantemente para solucionar coisas pequenas; os colaboradores se tornaram dependentes. E, de repente, ela ficou grávida. Com a licença, eles seriam obrigados a ter autonomia e a aprender, nesses meses que antecediam a licença deal, a resolver as questões diárias sem uma supervisão tão direta.

Conversamos sobre a necessidade do rápido desenvolvimento e informamos a equipe sobre isso. Um mês depois, uma das colaboradoras veio conversar comigo. Depois de dois anos na mesma função, desenvolvendo um trabalho que exigia um grande nível de atenção e organização, ela admitiu que não conseguia executar essa função sozinha. Ou seja, quem estava realmente na operação era a gestora. A colaboradora em questão não tinha desenvolvido as habilidades necessárias para aquele cargo. Em tempo: a gravidez não é nenhum Cisne Negro, mas essa situação serviu para mostrar um ponto de fragilidade que poderia ser muito crítico em caso de uma verdadeira crise.

Esse tipo de situação sempre aconteceu, mas o mundo corporativo não tinha a mesma velocidade de hoje. Os gestores que davam conta de tudo enfrentam hoje problemas mais complexos com a velocidade trazida pela Era Digital e precisam urgentemente transformar essa gestão centralizadora. É preciso mapear possíveis riscos, planejar a linha de sucessão e a gestão do *know-how*, identificar as pessoas que tenham potencial para crescer e serem promovidas, ou seja, ter um plano para deixar o sistema antifrágil.

O desafio do líder é fazer simultaneamente a gestão do hoje e a do amanhã. Por isso é tão necessário se distanciar um pouco do operacional e se dedicar mais ao estratégico, e isso não é apenas uma decisão a ser tomada pelo líder: é preciso ter uma equipe autônoma, em que se possa confiar as tarefas diárias para se dedicar ao futuro.

Criar um sistema antifrágil exige autocrítica, empenho e dedicação diária. Não é do dia para noite; é um exercício contínuo. Minha sugestão é começar por si próprio. Fazer uma autoavaliação da dedicação de tempo, ou seja, quanto tempo você passa cuidando da operação e apagando incêndios? Ter uma atenção redobrada para evitar o microgerenciamento e a dependência dos colaboradores. Entender qual é o seu papel, as limitações atuais e desafios do time é fundamental para traçar os cenários futuros.

A boa notícia é que a competência da gestão ambidestra — gerir o hoje e o futuro — pode ser desenvolvida.

CAPÍTULO 8
AUTOLIDERANÇA E AUTODESENVOLVIMENTO

VIESES INCONSCIENTES, INTELIGÊNCIA EMOCIONAL, EMPATIA Y *OTRAS COSITAS MÁS...*

AO COMPARARMOS superficialmente como era o mercado nas últimas décadas e como é hoje, percebe-se que a atualidade exige uma atitude mais protagonista dos colaboradores. Isso significa que todos precisam desenvolver mais a autogestão, ou seja, as pessoas precisam depender menos da gestão "externa". Ora, dentro desse contexto de horizontalização do poder, conclui-se que gestores devem, sim, aumentar suas habilidades de liderança, o que não significa que o gerenciamento não é mais necessário.

Tenho uma boa e uma má notícia sobre isso. A má é que desenvolver a liderança não é algo tão simples, e a boa é que todos têm, em níveis diferentes, o potencial de liderar. Sabe por quê? Porque, independente da história, da formação e dos talentos naturais de cada um, somos e lidamos com seres humanos desde que nascemos. Para viver em sociedade, são exigidas habilidades de liderança. Então, desenvolver a liderança é uma excelente oportunidade não apenas para exercermos bem uma função de gestão, mas para sermos melhores filhos, irmãos, pais, amigos e cidadãos.

Para entender o quanto essa capacidade é fundamental, sugiro uma análise sobre o papel da gestão nas empresas e o quanto as transformações vividas na sociedade impactam diretamente essa função, pois se tratam de novos comportamentos desenhados a partir de situações enfrentadas no dia a dia, como a pandemia do coronavírus e as mudanças na forma de trabalho que esse cenário trouxe para o universo corporativo.

Além das capacidades processuais da função, faz-se primordial compreender que o gestor precisa desenvolver a aptidão em influenciar positivamente as pessoas. Essa é uma questão-chave, pois normalmente quem recebe uma promoção tem competências técnicas de gestão, mas não necessariamente de liderança.

É importante lembrar que somos parte de um sistema formado por pessoas diferentes. E, recorrentemente, agimos como se todos funcionassem como nós. Cada um carrega uma genética e história única, o que significa habilidades, valores, hábitos, limitações, motivações, medos e expectativas diferentes. Ser líder é, o tempo todo, orquestrar tudo isso. Mas não é com isso que temos de lidar para viver em sociedade? Porém, o gestor carrega, na constituição de seu papel social, o peso maior de criar um ambiente mais propício para que as coisas ocorram de forma mais saudável, harmônica, que os colaboradores possam ser o melhor de suas versões, sentindo-se importantes e realizados.

Gerenciar o ser humano não é uma questão exata, mas subjetiva, complexa. As pessoas são muito diferentes — nos valores, na autoestima, nos traumas, nas questões emocionais, na forma de trabalhar. Sempre digo que ser líder e saber fazer a gestão são complementares, como duas pernas que precisam ser fortalecidas para fazer uma boa corrida.

De forma ampla, o gestor precisa:

- Desenvolver a capacidade de liderança e conseguir influenciar a todos.

- Criar um ambiente que favoreça a motivação dos colaboradores, para que se sintam engajados e trabalhar melhor.

- Administrar a carga de trabalho, distribuindo adequadamente tudo o que precisa ser feito entre a equipe sem sobrecarregar ninguém.

- Gerenciar as expectativas com relação a aprender, ao crescimento profissional, a possíveis promoções.

- Estimular a equipe para levá-la ao seu máximo potencial, para cuidar da operação com mais autonomia, de forma que ele consiga cuidar das funções que o cargo exige.

- Enxergar o todo e saber dos impactos que cada um pode gerar no trabalho do outro, inclusive a relação entre as ações da equipe e as demais áreas da empresa.

- Fazer a gestão de todos os recursos e ser inspiração para os colaboradores: dos recursos materiais, como orçamento, equipamentos, softwares, ao bem mais preciso da empresa, as pessoas.

- Realizar uma liderança ambidestra, organizando o tempo entre a operação, para cumprir os objetivos do dia, da semana e do mês, ao mesmo tempo que planeja o futuro, pensando na sustentabilidade do negócio no longo prazo.

Isso tudo acontece junto com o gerenciamento de seus próprios desafios, expectativas e objetivos. Por isso, um bom líder precisa desenvolver as habilidades mais humanas, tais como capacidade de escuta, de empatia, de não julgar, de se comunicar de forma clara e que toque as pessoas ao falar. O gestor que não desenvolve essas *skills* humanas terá dificuldade de liderar e não será uma referência, continuará sendo reconhecido apenas pelas competências técnicas.

Mas, calma, ninguém precisa ser um super-homem ou uma supermulher! É possível influenciar o ambiente, não o controlar. Nada do que façamos garantirá que tudo sairá bem, e entender isso é libertador. Ao cobrarmos a perfeição, colocamos metas que não são realistas, e compreender isso nos faz entender que as pessoas podem dar o melhor de si, mas que não serão perfeitas. É do humano ser potente, não onipotente.

E como desenvolver essa habilidade sendo cada vez mais potente na capacidade de influenciar? Trago uma citação de Robin Sharma, autor de *O Líder sem Status*, reconhecido internacionalmente por ser um dos principais especialistas em liderança: "Investir em si mesmo é o seu melhor investimento. Não irá melhorar somente a sua vida, irá melhorar a vida de todas as pessoas à sua volta" (2010).

Uma das características importantes para um gestor que deseja também ser um líder, e destaco esta como a principal, é a disposição para olhar para si mesmo e compreender que estar na gestão é um processo transformador em diversos âmbitos. Muito mais do que apenas uma necessidade de autoconhecimento, um gestor que se torna líder certamente conquistou a habilidade de se tornar uma pessoa melhor. Aqui se aplica o conceito de autoliderança. Uma das coisas que mais dá legitimidade para liderar um grupo é a capacidade de liderar cada vez melhor a si mesmo, sem se esquecer da ideia de que isso não significa ser perfeito.

Por onde podemos começar a investir nessa jornada de evolução pessoal? Sugiro iniciar compreendendo melhor como você vê o mundo. Admitir que as escolhas, a leitura sobre as pessoas e os acontecimentos raramente são objetivos e totalmente racionais. As vivências criam "filtros" que moldam nosso olhar. De todos os dados da realidade, acabamos nos fixando em alguns e os interpretamos subjetivamente. O cérebro funciona assim. Geralmente, esses filtros são inconscientes. Quanto mais trazemos à consciência nossos vieses, as motivações intrínsecas, mais teremos autogestão.

Infelizmente, a sociedade estimula a olhar para fora, não para dentro. Para muitos, "dar-se conta" pode parecer assustador, mas é uma forma de ser mais livre e menos automático e manipulável. Como disse o psiquiatra e psicoterapeuta suíço Carl Gustav Jung: "Quem olha para fora, sonha. Quem olha para dentro, acorda" (2015, p. 33). O mesmo princípio se aplica à gestão das emoções. Por que cada um tem emoções diferentes, em intensidade e duração próprias, diante do mesmo fato? O pensamento inconsciente acaba alimentando as diferenças. Dar-se conta disso é algo treinável e possibilita a ampliação da inteligência emocional, tão necessária especialmente a quem se propõe liderar. Sem essa capacidade, é difícil manter a saúde mental e se relacionar de forma mais produtiva e realizadora.

Muitas empresas afirmam que incentivam uma liderança humanizada prezando pelo bem-estar dos colaboradores em primeiro lugar. Mas, afinal, o que define essa humanização? Faz parte do desenvolvimento humano entender que as pessoas têm o mesmo valor, independente do cargo, local em que se encontram ou situação e tratar todos da mesma forma. É o gestor que está efetivamente se esforçando para desenvolver a capacidade de enxergar as pessoas, sem julgamentos, sem se sentir superior ou inferior ao outro.

Por isso, para desenvolver a escuta ativa e a empatia de forma genuína, é necessário olhar para si próprio e aprender a gerenciar as emoções. Ter a consciência das próprias vulnerabilidades, pontos de melhoria e trabalhar constantemente em sua própria evolução. Só assim teremos legitimidade para liderar, pois é mais fácil contribuir quando já vivenciamos aquela experiência, ou seja, ao lidar com os próprios sentimentos, desenvolvemos a capacidade de lidar melhor com os sentimentos dos outros. Reforço: o que legitima um líder não é ser perfeito, mas sim buscar continuamente sua evolução pessoal.

É claro que existem habilidades e técnicas que ajudam muito no exercício da liderança, mas você não saberá colocá-las em prática de forma legítima e autêntica se estiver agindo baseado em um "software mental" disfuncional. Por exemplo, se um gestor aprende uma técnica para dar feedback, mas no fundo ele ainda não compreendeu bem seu papel, ou sempre acha que os colaboradores erram porque não são confiáveis, garanto que a técnica aprendida não funcionará, pois ela não será autêntica. Portanto, não pule etapas. O autoconhecimento/autoliderança é o substrato da boa liderança.

Embora o caminho do autoconhecimento já tenha sido mapeado por diferentes linhas de pensamento, esse saber ainda é pouco conhecido. Por isso, fica aqui o convite para esse lindo e necessário propósito da autoliderança. Vamos falar mais sobre isso nos próximos capítulos.

CAPÍTULO 9
GESTÃO DAS EMOÇÕES
DESAFIANDO AS CRENÇAS QUE IMPACTAM O QUE VOCÊ SENTE

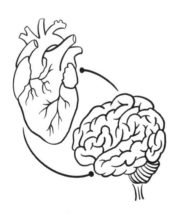

SABE AQUELA famosa frase que o comissário de bordo fala quando estamos nos preparativos para o avião decolar: "Em caso de despressurização, coloque a máscara primeiro em você antes de ajudar o próximo"? É uma ótima analogia para o gestor. Para que uma pessoa esteja legitimada a liderar outras, precisa antes ser líder de si, ou seja, saber se autogerenciar. O gerenciamento emocional é uma das tarefas mais importantes nesse sentido.

A carga sobre o gestor é grande. Há pressão por parte dos acionistas, do conselho, dos pares, dos superiores diretos e dos colaboradores. Somam-se a isso os desafios colocados pela empresa, o volume de metas a serem alcançadas e as tarefas inerentes ao cargo. Não é à toa que a "síndrome do impostor" é um relato cada vez mais comum. Os profissionais acreditam que são uma farsa, que não merecem o cargo que ocupam, que não darão conta do trabalho e que serão demitidos a qualquer momento.

Por isso, desenvolver a inteligência emocional é fundamental. Um gestor com essa competência consegue ajudar a equipe a fazer o mesmo, formando, assim, um time mais forte e seguro para alcançar os resultados esperados. É importante saber que gestão emocional não significa ter controle emocional; ter controle seria como dominá-la, e isso não existe. A gestão emocional é saber dimensioná-la de forma que não impacte negativamente seus objetivos e sua saúde, não significa não sentir. É possível regular as emoções e direcioná-las para nosso benefício.

Outra compreensão importante é que todas as emoções têm uma funcionalidade positiva. Por exemplo, a ansiedade e o medo nos preparam para um risco, e a raiva pode nos tornar mais aplicados para atingir os objetivos. Já a tristeza poderá suscitar reflexões e críticas importantes sobre nós mesmos e sobre situações vividas, geralmente relacionadas a perdas. Mas quando não são bem gerenciadas, podem ter um efeito colateral. Quando estamos em situações desconfortáveis — com medo, raiva, ansiedade —, as emoções tendem a ser superdimensionadas, e dependendo da intensidade e da duração, afetam negativamente nossa reação e podem prejudicar o objetivo a ser conquistado.

A boa notícia é que todos podem melhorar sua gestão emocional, e há muitas técnicas para isso. Apresentarei aqui aquela em que mais acredito que uso constantemente e da qual vejo os resultados na prática. Para começar, é preciso compreender melhor o mecanismo que gera uma emoção, regula a intensidade e a duração. Provavelmente você tem uma compreensão equivocada sobre esse mecanismo. Vamos checar? Pense e responda: o que você acha que provoca uma emoção? Provavelmente, dirá algo como: um acontecimento, um estímulo, um fato, correto? Isso está apenas parcialmente certo.

Se um acontecimento ou estímulo fosse o único desencadeador, o que deveria ocorrer quando todas as pessoas se deparam com aquele acontecimento? Todos sentiriam a mesma coisa. E é isso o que ocorre? Por exemplo: todas as pessoas sentem a mesma coisa quando se deparam com uma barata frente a frente? Alguns sentem nojo, outros sentem medo e correm. Tem quem não sinta nada; vai lá e mata o inseto sem titubear! Mais um exemplo: quando uma pessoa é designada para fazer uma apresentação à diretoria, o que ela sente? Algumas com certeza sentirão ansiedade e, provavelmente por isso, perderão o sono e, na hora da apresentação, ficarão tensos, gaguejarão e podem até ter uma performance abaixo do que conseguiriam se estivessem tranquilas. Já outras pessoas poderão ficar eufóricas com a oportunidade. Ora, mas não se trata do mesmo fato? Por que então emoções diferentes? Considere ainda que, mesmo os que sentem a mesma emoção diante do mesmo fato, a intensidade e a duração dela podem variar enormemente de pessoa para pessoa.

Aqui está o "pulo do gato": entre o fato que normalmente desencadeia a emoção e o nosso comportamento acontece algo "no meio do caminho": a interpretação subjetiva do fato. Em milésimos de segundos, nosso cérebro traz pensamentos, algumas vezes inconscientes, relacionados àquela determinada situação. Os que se sentiram ansiosos em fazer a apresentação à diretoria provavelmente tiveram pensamentos do tipo "vai me dar um branco, eles perguntarão coisas que eu não saberei responder, eu vou me queimar". Os que ficaram eufóricos devem ter pensado "será uma ótima oportunidade para mostrar meu trabalho; eles irão gostar do que eu tenho a dizer". O pensamento que você tem sobre o fato, ou seja, sua interpretação dele, mesmo que de maneira muito rápida, afeta a emoção, a intensidade e a duração desta.

Outro exemplo clássico: você está no trânsito, aciona a seta para mudar de faixa, mas outro motorista avança e não te deixa passar. O que você sente? E em qual intensidade? Boa parcela dos motoristas sente raiva, certo? E o que provavelmente disparou a raiva? O pensamento mais comum é o de que a outra pessoa fez de propósito, que é mal-educada, egoísta, que não se preocupa com o próximo. Esses julgamentos contribuem para a raiva. E você pode dirigir por um tempão sentindo a mesma coisa, se continuar pensando que foi sacaneado pelo motorista que não te deu espaço.

Mas e se você pensar que a pessoa provavelmente estava distraída e não te viu? Que mexeu no celular ou mudou a música bem na hora que você acionou a seta? Ou que, em outro dia, talvez você mesmo tenha feito isso, sem perceber, e quando viu já era tarde demais? Será que a emoção seria a mesma? Ainda que você sentisse raiva imediatamente após o ocorrido, se começasse a pensar intencionalmente na possibilidade de o outro motorista não ter tido a intenção de te sacanear, a intensidade da raiva e a duração seriam as mesmas? Provavelmente não.

Então, é preciso compreender que entre um acontecimento e a emoção existe um pensamento, e tentar modificá-lo. Nós não conseguimos controlar os acontecimentos externos, mas podemos, sim, entender nossos pensamentos e adequá-los, nos questionar sobre eles. Dessa forma, teremos uma emoção mais proporcional ao que está acontecendo e favorável ao objetivo.

Ao se dar conta de que você sempre interpreta um fato, ainda que não tenha total consciência do que está pensando sobre ele, poderá utilizar uma técnica que se chama **IDE**: (**i**)dentificar seu pensamento, (**d**)esafiar seu pensamento e (**e**)scolher como se comportar.

A grande chave da gestão emocional está em conseguir conversar com você mesmo na hora que uma emoção desproporcional está acontecendo. Em perder o controle para ela não há nenhum benefício, pelo contrário, e o objetivo a ser alcançado fica cada vez mais distante. Deve-se, então, compreender que somos nós mesmos que alimentamos a emoção com nossos pensamentos. Por isso, a primeira coisa a ser feita é se perguntar: o que estou pensando sobre esse fato e o que me faz sentir assim? Esta é a etapa (i) da técnica IDE: identificar seu pensamento, a interpretação do fato. É muito comum termos interpretações pessimistas, negativas, generalizadas ou até mesmo catastróficas sobre o que está acontecendo. Mais adiante, darei um exemplo mais esclarecedor.

Após trazer à consciência esses pensamentos, ou melhor dizendo, interpretações sobre o fato, o segundo passo é desafiar essas interpretações. Esta é a etapa (d) da técnica IDE: será que o que estou pensando é, de fato, uma realidade ou apenas uma hipótese? Se você está em pânico por ter de fazer uma apresentação para a diretoria, e se der conta de que está pensando que ela te destruirá (ou algo assim), questione-se: isso é uma verdade ou apenas um pensamento? Quando você se conscientizar de que é apenas um pensamento, poderá intencionalmente começar a revertê-lo para algo mais realista e, por que não, mais otimista.

Praticamente em todas as situações que checarmos o pensamento e o desafiarmos, conseguiremos uma reação emocional menor e que, inclusive, não prejudicará o objetivo a ser atingido. Com as emoções exacerbadas, as chances de um desfecho negativo são maiores porque os comportamentos poderão não ser os mais adequados para aquela situação. Aqui entra a terceira letra da técnica IDE: o (e), de escolher como se comportar. Ao identificar os pensamentos, eu os questiono e os relativizo, a emoção acaba sendo mais bem dimensionada à situação, e consigo pensar com clareza como devo agir diante dela.

Compartilho a seguir um exemplo pessoal — do qual me orgulho bastante — pertinente ao bom uso da inteligência emocional. Em uma ocasião, um grande cliente em potencial queria uma apresentação presencial de minha empresa. Fiquei muito empolgado com a oportunidade e aceitei. A pessoa marcou a reunião para dois dias depois, em outra cidade, pela manhã, no primeiro horário. Comprei a passagem aérea, organizei a hospedagem, me preparei para a apresentação e fui para o encontro.

Ao chegar na portaria, me identifiquei na recepção e fiquei esperando por muito tempo sem uma resposta. Fiquei incomodado. O porteiro, então, me avisou que a pessoa que eu procurava, a diretora de RH, não atendia ao telefone de jeito nenhum. Fiquei aguardando na calçada, em pé, no sol — era verão e estava muito abafado —, de paletó e gravata. Como ninguém atendia no ramal, resolvi agir. Tirei o notebook da mochila e comecei a procurar um número de celular em nossas trocas de mensagens por e-mail. Já tinha se passado mais de meia hora e ninguém a encontrava. Insisti pelo celular até que ela atendeu. Ao me identificar, percebi que ela não se lembrava de mim, nem do nosso compromisso, e que não estava na empresa. Ela havia se esquecido completamente da reunião. Envergonhada, pediu desculpas e disse que pediria para alguém da equipe dela me receber.

Eu me senti humilhado, fiquei transtornado, achei aquela situação um abuso de poder, ela nem imaginava o empenho que tive — tempo e dinheiro — para estar ali naquele momento. Pensei que a pessoa que iria me receber não queria falar comigo, já que seria obrigada a assumir um compromisso que não era dela, em cima da hora, e que provavelmente estaria de mau humor. Baseado em tudo isso, resolvi ir embora. Então, me dei conta da emoção que estava sentindo e de que a intensidade dela não me aproximaria de meu objetivo, que era o de fazer negócio com aquele cliente em potencial. Mas percebi que se eu entrasse na reunião sentindo a raiva que estava sentindo, seria uma catástrofe.

Resolvi aplicar o IDE. Você se lembra do primeiro passo da gestão emocional? A primeira coisa que fiz foi me perguntar: (i) o que estou pensando e que me faz sentir tanta raiva? Identifiquei os pensamentos que descrevi anteriormente — dos quais, até aquele momento, não me dava conta. Fui para o segundo passo: (d) desafiar os pensamentos. Então comecei a pensar: já me esqueci de um compromisso importante? Sim. Foi por desrespeito? Não, humanos erram. Nunca fiz nada para essa diretora — que nem me conhece pessoalmente — me tratar mal intencionalmente. Sobre a reunião com outras pessoas, pensei: é um fato que elas estarão pouco disponíveis para me escutar ou apenas uma hipótese? Substituí o pensamento por: pode ser que elas fiquem muito interessadas no que eu tenho a dizer.

Você consegue imaginar como fiquei emocionalmente após fazer os passos 1 e 2? Entende que identificando os pensamentos e os reformulando, a raiva diminuiu? Você pode estar questionando: mas o correto não seria parar de sentir raiva, em vez de simplesmente amenizar a emoção? Não, meu amigo, minha amiga. Como expliquei no começo do capítulo, temos gestão sobre as emoções, não controle. Aliás, parar de sentir a emoção nem seria produtivo. Lembre-se de que as emoções existem porque elas são funcionais, nos ajudam a agir corretamente, desde que sejam proporcionais ao acontecimento pelo qual estamos passando.

Agora era a hora de ir para o passo 3 do IDE, ou seja, escolher como me comportaria. Peguei minha raiva moderada e disse a mim mesmo: (d) "Vou entrar nessa reunião e farei a melhor apresentação que já fiz até hoje. Além disso, serei mais simpático, para quebrar qualquer resistência que porventura os substitutos da diretora possam ter." Isso se chama canalizar corretamente a emoção.

Eu poderia ter ido embora norteado pelas minhas emoções (vontade não faltou!), dominado por uma reação desproporcional, que, com uma duração demasiada, poderia me colocar em uma situação ainda pior. Mas consegui reverter a tempo e seguir em frente. Afinal, fui recebido por duas profissionais que, aparentemente, não queriam me encontrar, mas reverti a situação com muito *rapport* e uma apresentação brilhante. Ao final, as duas estavam encantadas. Acabou que, por outras razões, não fechei o contrato, mas fiquei orgulhoso de como consegui gerenciar a situação.

A gestão emocional depende muito disso. Descobrir o que estamos pensando e colocar a prova esses pensamentos, que normalmente são inferências, generalizações e/ou catastrofização, e substituí-los por pensamentos mais realistas ou mesmo otimistas. Isso é um exercício constante. Não é simples, mas não é nada impossível. Ao praticar com frequência, vai ficando mais fácil, rápido e natural. É uma "alfabetização" emocional. Fazer a gestão emocional é, acima de tudo, aprender a conversar consigo mesmo.

CAPÍTULO 10

ACREDITANDO EM SI E NOS DEMAIS

VOCÊ ENXERGA O COPO MEIO CHEIO OU MEIO VAZIO?

EM FUNÇÃO das diversas e diferentes demandas do mundo contemporâneo, defendo um movimento de redução da concentração do poder que o modelo hierárquico incutiu em nossa cabeça. Para isso, identificar como nos posicionamos em cada situação é fundamental para construirmos relações mais saudáveis, promovermos o respeito mútuo e contribuirmos para ambientes com poder horizontalizado.

Essa horizontalização do poder, que deve estimular uma postura mais protagonista do colaborador, não será tarefa fácil, já que lutamos com um modelo repetido dentro das empresas há, pelo menos, cem anos, tão comum que leva gestores e colaboradores a não perceber sua existência. Mas a concentração de tempo do gestor em questões operacionais, a falta de sucessores preparados e a dificuldade de se ver colaboradores defendendo com afinco ideias diferentes daquelas de seus gestores são alguns dos sintomas incontestáveis desse fenômeno. Pense com carinho: em sua empresa, não existe pelo menos uma das três evidências comentadas ?

Para que haja a mudança, várias coisas precisam se transformar na cabeça de gestores e colaboradores, além de estratégias que ensinarei neste livro para que você lidere essa transformação, se assim o quiser. Antes das estratégias, foquemos a cabeça! Afinal, como diria Terry Neil, "a mudança é uma porta que se abre por dentro".

Então, vamos lá: você acha que o gestor, como ser humano, vale mais que o colaborador? Você se considera uma pessoa otimista ou pessimista? Vê o copo meio cheio ou meio vazio? Consegue perceber quais são os pontos fortes dos colegas de trabalho, da equipe, de seus familiares? E os seus? Podem parecer perguntas simples, mas o modo como damos valor a nós mesmos e aos outros pode ser determinante para atingirmos nossas metas e nossos objetivos.

O conceito que temos das pessoas que nos rodeiam, do mundo e de nós mesmos é construído durante nossa formação. Desde os primeiros contatos com os cuidadores (mãe, pai, avós, irmãos), vamos armazenando informações, e essas primeiras relações formam a base do que construiremos a seguir. Conforme crescemos e nos relacionamos, os primeiros vínculos que criamos na vida, como fomos tratados, o que presenciamos, ouvimos, trazem um significado, um valor que refletirá na forma como nos relacionamos, embora a maioria das pessoas não se dê conta disso.

Ao estudar a personalidade humana, o psiquiatra Eric Berne afirmou que podemos nos vincular de quatro formas predominantes e que aprendemos isso em nossos primeiros anos de vida. Esse modelo demonstra

— explicando de forma simplificada — o valor que atribuo a mim e o quanto valorizo o "fora de mim", ou seja, outras pessoas e o mundo de forma geral. Esses quatro tipos são denominados Posições Existenciais. Todos nós oscilamos por essas quatro formas, variando conforme as situações e os períodos em que nos encontramos, mas sempre uma delas é predominante em cada pessoa. Para simplificar, são utilizados símbolos para cada uma das quatro posições existenciais: +//+, +//-, -//+ e -//-. O primeiro símbolo se refere sempre à imagem que a pessoa tem de si mesma, e o segundo é como a pessoa vê o outro ou as coisas, como a empresa onde trabalha.

Falarei sobre cada uma das quatro posições, mas gostaria de fazer um convite: não acompanhe minha explicação como se tratasse de uma aula teórica sobre um assunto completamente alheio. Você entenderá e se beneficiará muito mais se utilizar a explicação para olhar para si. Sei que às vezes isso gera incômodos, mas como tenho defendido em alguns dos capítulos anteriores, ser líder passa por mais momentos de autoconhecimento e desenvolver-se comportamentalmente.

A posição existencial mais saudável é chamada Mais Mais (+//+). Quando as pessoas estabelecem o vínculo +//+, sentem que têm tanto valor quanto as outras. Um gestor Mais Mais percebe autenticamente que todos têm o mesmo valor como pessoas, não importa a posição hierárquica, incluindo a si mesmo. Esse indivíduo se valoriza, se respeita e faz valer o seu desejo, enquanto tem o mesmo respeito em relação aos outros. O Mais Mais tem uma boa autoestima e facilidade em lidar com os próprios erros e os dos outros. Como tem essa visão de si e dos outros, busca estabelecer relações ganha-ganha. Geralmente, são os profissionais mais realizadores porque fazem acontecer, já que acreditam em si e nos outros e, por isso, também pedem ajuda quando necessário.

Cito algumas características de destaque do Mais Mais. Por favor, leia buscando entender por que são atributos de uma pessoa que dá o mesmo valor a si e ao outro:

- Com uma postura construtiva, tem disponibilidade para aprender, reconhece e valoriza capacidades, qualidades e limitações de si e dos outros.

- Faz reconhecimentos e elogios autênticos.

- Soluciona problemas ponderando as consequências para os envolvidos.

- Honra os compromissos assumidos consigo mesmo e com os outros.

- Busca a colaboração, com processos cooperativos e integrativos.

- É realista, transparente e aberto.

- Admite sua vulnerabilidade e legitima a dos demais.

Então? Conseguiu se enxergar agindo com essa postura? Será que ela é muito frequente em você, ou outro tipo de posição é mais comum? Vamos entender as outras.

A pessoa Mais Menos (+//-) é aquele tão conhecido modelo de quem se julga melhor que o outro. Só enxerga os defeitos do outro, sendo bem mais generosa com os seus próprios. Pode agir de forma desrespeitosa, até mesmo agressiva, sem considerar outras opiniões e pontos de vista. Outra característica é achar que está sempre certa e ter dificuldade de escutar ativamente a opinião dos outros, pois está muito centrada em si mesma. Pode ter dificuldade de reconhecer e assumir as próprias falhas, atribuindo aos demais ou a acontecimentos externos a responsabilidade por elas.

Mas o Mais Menos pode manifestar essa característica também de maneira contraditória à qual descrevi até agora: pode ser também paternalista. Você consegue imaginar o porquê? No sentido de ajudar o outro por não ter a mesma capacidade que ele para resolver um problema. Com isso, prova-se superior.

Como líder, toma quase todas as decisões pela equipe, com receio de que, se não fizer isso, os colaboradores podem ser equivocados em suas escolhas. Isso é conhecido pela "síndrome da Branca de Neve" — ele é a Branca de Neve, e todos à sua volta são os anões, que dependem dele. Muitos nessa posição reclamam que estão sobrecarregados, mas não enxergam que os outros poderiam se desenvolver e resolver as coisas com autonomia. Por agir assim, acabam inibindo o desenvolvimento da equipe, o que reforça ainda mais a ideia de que, sem ele, as coisas não sairiam corretas.

Outras características que podem ser observadas:

- Tendência a menosprezar os outros.

- Geralmente enxergam com mais facilidade o que não está bom e não valorizam, na mesma proporção, o lado positivo do trabalho dos outros.

- Soluciona problemas considerando apenas interesses pessoais.

- Alcança as metas e os objetivos, porém nem sempre de forma ética.

- Raramente pede ajuda.

- Honra os compromissos assumidos que são de seu interesse.

- Valoriza processos competitivos e jogos de poder, do tipo ganha/perde.

Raramente uma pessoa Mais Menos percebe que age como age, pelas razões aqui explicadas. Certamente achará boas explicações racionais para justificar suas atitudes.

A terceira posição é a Menos Mais (-//+), que é o oposto da anterior. São pessoas com baixa autoestima, inseguras, que acham que a capacidade dos outros é superior. Costumam julgar suas realizações como "normais" e valorizar as dos demais. O profissional Menos Mais pode ter pouca iniciativa e ser conformista. Normalmente, tem dificuldade de estabelecer limites — por medo de ser rejeitado ou criticado e por não achar que tem o direito de — e pode demostrar pouca disponibilidade para aprender coisas mais complexas porque, de cara, se assusta com o desafio. O mesmo medo o impede de inovar. Tende a alcançar somente partes de suas metas e de seus objetivos, pois atribui ao mundo a maior responsabilidade. Na vida, é aquela pessoa que acredita que as coisas só vão melhorar se o outro fizer algo para isso (a diretoria da empresa, o RH, a política, o governo etc.).

Esse é um dos conceitos que embasa o machismo. Quantas mulheres se sentem Menos em diversos tipos de relações? A mulher é colocada em uma posição Menos Mais ao ser considerada para cargos mais baixos, bem como quando não recebe a mesma remuneração que um homem ao ocupar a mesma função.

Como gestor, lidera normalmente sendo o "legal". Não se sente confortável com a autoridade legítima que o cargo lhe dá. Não consegue ser assertivo, tomar decisões impopulares, mesmo sabendo que elas às vezes são o certo a se fazer. Acha que não pode influenciar as mudanças da empresa. Em algumas situações, não busca resolver os conflitos que tem com pares. Leva os problemas para a diretoria ou ao presidente, como crianças que brigam com os irmãos e acionam o "papai" para solucionar.

Mais alguns pontos que definem o Menos Mais:

- Reconhece e assume não só os próprios erros, mas muitas vezes o erro dos outros.

- Exagera as próprias limitações e minimiza suas qualidades.

- Pode atribuir sua falta de sucesso a elementos externos, como "falta de sorte", "vontade divina", "não era para ser", ou incapacidade pessoal.

- É voltado para a submissão e o conformismo.

- Pode ser excelente "tarefeiro".

- Não acredita que pode influenciar o ambiente.

Por fim, o Menos Menos (-//-). "Oh céus, oh vida, oh azar." A hiena Hardy, do desenho animado *Lippy & Hardy*, é a dona desse bordão que se encaixa para as pessoas Menos Menos, que, assim como citei no modelo anterior, têm baixa autoestima e têm uma postura negativista. A diferença é que aqui ela também não acredita no próximo. Se vê com menos valia, e, da mesma forma, o mundo. O profissional Menos Menos é o mais resistente a mudanças, já que não acha que pode mudar algo e tampouco acredita que alguém possa. Nunca tem disponibilidade para aprender, desqualifica suas qualidades e as da equipe e é pessimista na maior parte do tempo.

Quando um gestor está atuando nessa posição, julga que não está qualificado para a função, que a equipe também é ruim, só enxerga os defeitos da empresa, é pessimista em relação ao futuro, tende a gerar apatia e um clima terrível na equipe. Outros pontos de atenção são:

- Não soluciona problemas porque ou os nega ou os desconsidera; ao se propor a revê-los, cria outros mais graves.

- Propõe metas inatingíveis por falta de contato com a realidade e com suas qualidades, suas limitações e seus recursos.

- Tem dificuldade para cumprir com compromissos assumidos.

Tanto na vida profissional como na pessoal, circulamos pelos quatro modelos com frequência. Algumas situações nos estimulam a assumir uma postura que se enquadra melhor em determinado padrão para uma ocasião específica. Nos relacionamentos, também podemos ser estimulados, como ao conversar com uma pessoa Mais Menos, nos tornarmos Menos Mais, e vice-versa. Em uma reunião, por exemplo, o gestor fica nervoso com uma apresentação para a diretoria, se sentindo Menos Mais por ter um cargo inferior aos demais. Essa atitude pode estimular a postura Mais Menos nos diretores. Vale a pena lembrar que, embora possamos circular pelas quatro posições, uma delas tende a ser nosso natural, manifestando-se com mais frequência.

Tudo isso ocorre sem que a maioria perceba que age assim. Agora que você já conhece, pode trazer à consciência como está agindo e decidir mudar a postura. Mas, para isso funcionar, precisa ser autêntico, ou seja, precisa sentir realmente que tem valor tanto quanto os outros, e que os outros têm o mesmo valor que você.

Conhecer esses modelos e saber identificar as características de cada um é fundamental para podermos reconhecer as atitudes e mudar nosso interior para um modelo mais favorável. No exemplo da reunião, se o gestor se conscientizar de que está se sentindo inferiorizado, pode refletir sobre os motivos e "rebatê-los" dentro de si, lembrando que temos o mesmo valor como seres humanos, independente dos cargos que ocupamos. As pessoas que estão ali são mais competentes que ele em algumas coisas e menos em outras.

A relação dos líderes com os colaboradores precisa ser repensada em grande parte das empresas. Ele é o líder por que é melhor que os demais? Ou por que tem as características necessárias para essa posição? Cada um é melhor em uma atividade, todos são complementares, mas a hierarquia, de certa forma, acaba podando isso. Todos devem ser reconhecidos por suas competências e serem estimulados a desenvolver novas habilidades, com autonomia e confiança. Isso gera um ambiente de autoconfiança e, consequentemente, de maior desenvolvimento e engajamento.

Ao orientar a equipe, o gestor deve se manter atento para não cair no padrão +//-, mesmo sem perceber. Lembre-se de que, nos capítulos anteriores, expliquei como a posição +//- foi construída historicamente e impera na mente de gestores. Ao responder todas as dúvidas do colaborador, sem estimular sua autonomia, por exemplo, a postura Mais Menos se evidencia. Que tal estimulá-lo a pensar e a propor soluções antes de responder? Quando o líder assume todas as decisões, tira a responsabilidade do outro, deixando de acreditar que este consegue se autogerenciar e que é preciso acreditar — e incentivar — o potencial do colaborador.

O gestor que consegue trabalhar com essas posições e se manter como Mais Mais na maior parte do tempo ganha a admiração das pessoas e é reconhecido como justo, seguro, humilde, além de desenvolver o potencial dos colaboradores. Para isso, é necessário estar atento e manter a postura desde a contratação até o desligamento, afinal, somos todos seres humanos, mesmo que tenhamos conflitos ou divergências.

Deixar um candidato esperando por um longo período porque é "apenas" um candidato; conduzir uma demissão de forma grosseira porque "o colaborador fez por merecer"; ser promovido a gestor e por isso se sentir superior aos seus pares... Esses são alguns exemplos rotineiros que devem ser analisados, pois revelam uma posição existencial subjacente. O profissional deve permanecer atento para não cair em armadilhas criadas pelas situações. É muito importante se lembrar das posições e praticá-las deliberadamente, repreendendo as atitudes que devem ser evitadas.

Identificar os tipos de relação, os modelos que estamos praticando e saber como mudá-los exige tempo, autoconhecimento e prática. É possível começar aos poucos, em determinadas situações, e ir expandindo até ser natural. É claro que os desafios podem aparecer quando menos se espera. Ao executar conscientemente essa regulação de percepção de mundo, construímos relações mais saudáveis e contribuímos para ambientes com poder horizontalizado, nos quais os colaboradores se respeitam e perpetuam isso tanto com o gestor como entre a equipe. E você, como se vê e como vê a equipe?

CAPÍTULO 11
LÓCUS DE CONTROLE: A POTÊNCIA DENTRO E FORA DE NÓS

SOMOS PROTAGONISTAS OU APENAS VÍTIMAS DO MEIO?

VENHO MOSTRANDO a necessidade de uma melhor distribuição do poder na empresa. Quando falamos sobre isso, pensamos imediatamente na possibilidade de todos participarem das decisões, de se buscar soluções a partir de uma construção coletiva, das pessoas terem autonomia para agir e resolver as coisas.

Entretanto, é mais importante irmos fundo na compreensão do que significa exercer plenamente o poder. Essa discussão tanto beneficiará a ampliação de seu poder como gestor quanto estimulará a equipe para que também assim o faça. Serei repetitivo no aviso, mas se faz necessário mais uma vez sugerir que você acompanhe esta explanação não como uma aula teórica, mas como um espelho no qual é possível fazer uma autoanálise realista de como lida com o tema. Vamos lá?

Já reparou como algumas pessoas têm mais capacidade de fazer as coisas acontecerem? Pare, pense e tente se lembrar de algumas delas. Talvez seja mais fácil se recordar de empreendedores que parecem ter o dom de fazer os negócios darem certo. Ou talvez de atletas com essa característica. Também é possível perceber que há colaboradores, gestores ou não, que conseguem fazer a coisa dar certo com mais frequência do que a maioria. Essas pessoas podem estar atuando nos mais variados ambientes, mas não se iluda, elas não são muitas. Por terem uma grande capacidade de realização, foram muito estudadas, e descobriu-se que existe um perfil comum a todas elas. A persistência é uma das características dessas pessoas e que é facilmente observável. Mas, subjacente a essa persistência, há um outro aspecto que tratarei aqui.

Para você entender melhor, responda as três perguntas a seguir. Não continue a leitura antes de respondê-las. Se puder, anote as respostas, pois será mais fácil para fazer a análise depois:

1. Você já teve a oportunidade de conversar com alguém logo que terminou um casamento ou um namoro? De forma geral, quais foram as razões pelas quais esses relacionamentos terminaram, segundo essa pessoa?

2. De forma geral, quais fatores são apontados como os responsáveis pelo fechamento de um negócio (uma loja, uma farmácia, um restaurante...), segundo o dono desse negócio?

3. Quando uma pessoa é demitida, normalmente ela justifica a demissão por meio de quais motivos?

Confira se as respostas estão relacionadas, por favor, releia o que escreveu e tente perceber se há algo em comum entre elas. Muito provavelmente, é possível perceber que a grande maioria dos fatores comentados está falando de coisas que não têm a ver com a própria pessoa. Fatores externos são mais citados como a causa do fracasso, em vez de uma responsabilização pessoal.

Há um conceito na psicologia chamado lócus de controle. O psicólogo norte-americano Julian B. Rotter fez um estudo em 1954 que identificou como as pessoas tendiam a ter um lócus de controle externo ou interno. *Locus*, em latim, significa lugar. O lócus de controle se refere, de forma simplista, ao lugar onde coloco a responsabilidade pelo que me acontece. Segundo esse conceito, há dois tipos de pessoas: as de lócus externo e as de lócus interno. As pessoas com lócus de controle externo têm mais facilidade para identificar e falar dos fatores externos a elas que afetam o resultado. Já quem tem lócus de controle interno também identifica os fatores externos, mas, diferente do primeiro grupo, consegue fazer uma análise sobre o que é responsabilidade de si próprio naquele resultado. Geralmente o pensamento de ambos é automático, ou seja, não percebem se tendem a pensar de uma forma ou de outra.

Qual dos dois grupos você acha que é o maior? Há mais pessoas com lócus interno ou externo? Mais algumas perguntas para você concluir: quando alguém (ou você) chega atrasado em um compromisso, como geralmente se justifica? Diz que o trânsito estava infernal ou que não avaliou direito o tempo que poderia levar para se deslocar? Quando uma pessoa (ou você) come muito em uma festa, diz que está comendo porque é impossível se conter diante das guloseimas maravilhosas ou porque não consegue ter disciplina para comer comedidamente? Pense comigo: a comida maravilhosa está sozinha entrando na boca? Alguém a está obrigando a comer? Chega a ser engraçado, não é mesmo? Acho que agora ficou fácil perceber que a maioria das pessoas tem lócus de controle externo.

Quando a pessoa acredita que chegou atrasada só porque o trânsito estava congestionado, ela está colocando 100% da culpa em um fator externo. Se eu acredito que a culpa está fora de mim, também acredito, automaticamente, que a solução do problema está fora de mim. Logo, me coloco como impotente diante da situação. Se o fator externo determinou 100% seu atraso, esse fator tem 100% do poder.

Você pode estar pensando: mas é claro que, às vezes, o trânsito está congestionado. Você está certo, seria até arrogância se uma pessoa ignorasse os fatores externos e atribuísse totalmente a si a responsabilidade. Lembre-se do que eu disse há pouco sobre quem tem lócus interno: ele também considera os fatores externos. Mas uma avaliação mais realista poderia ser: o trânsito estava congestionado e eu não avaliei bem que isso poderia acontecer. Quem pensa assim está colocando um percentual de responsabilidade no mundo e outro percentual em si mesmo. Em outras palavras, não está se colocando totalmente impotente diante dos fatores externos, como uma vítima.

Quem se enquadra nesse segundo grupo (lócus interno) tem mais probabilidade de atingir as metas, mais capacidade de realização e de ter sucesso. Isso acontece por algumas razões. Quem faz uma autocrítica — sincera! — acaba tendo mais aprendizados com as situações. Pode errar em outras coisas, mas a tendência é a de que não repita aquilo que já foi aprendido. Sabe que não é onipotente, que o resultado pode não ser exatamente como o esperado, mas assume sua responsabilidade e procura alternativas para resolver o que depende de si próprio em uma próxima situação similar.

Agora, quem tem sempre uma justificativa que não tem nada a ver consigo — "a culpa é do mundo e é o mundo que precisa mudar" — tende a aprender menos. Ora, se a culpa está totalmente fora de mim, não sou eu quem tem de mudar, é o mundo. Nesse caso, quem não assume a responsabilidade pelas suas próprias ações, que acredita que as coisas só mudarão se o outro mudar, tem uma percepção distorcida da realidade, se sente impotente, pois a potência está fora. Fazendo uma relação direta com as **posições existenciais**, se coloca como menos mais (-//+). Com essa postura, tende a buscar menos alternativas e desiste mais facilmente ao se deparar com obstáculos. O profissional com essa característica gasta muita energia arrumando justificativas nos fatores que não consegue alterar, em vez de refletir sobre o que pode fazer para melhorar.

David McClelland, considerado um dos psicólogos mais importantes do século passado, conduziu uma pesquisa que apontou que 92% da população mundial têm lócus externo. A explicação sobre essa maioria esmagadora é relativamente simples. É mais fácil ser assim, pois isso nos dá a sensação de que, dessa forma, preservamos nossa autoestima. Mas você consegue perceber o preço que pagamos pensando dessa maneira?

Quando estudei esse conceito pela primeira vez, pensei: nossa, uma pessoa com lócus interno deve ser uma pessoa muito amargurada, sempre se culpando por tudo. Notem que eu estava cometendo um erro de compreensão, pois essas pessoas não atribuem 100% da responsabilidade a si. Isso seria onipotência. Existe o mundo, existem os fatores externos, precisamos falar deles também. A questão é não ter um pensamento binário: ou a responsabilidade é só minha ou só dos fatores externos. A verdade é que quem analisa as coisas sob a ótica do lócus interno não faz a autocrítica como uma forma de punição, mas sim para se fortalecer e ser cada vez mais potente, analisando o que pode ser melhorado e como. O pensamento é o seguinte: se estes são os fatores externos, como posso agir para fazer frente a eles? Logo, se sente mais protagonista.

A pergunta que vale um milhão é: dá para uma pessoa que funciona com lócus externo começar a agir mais com o lócus interno? Sim! O primeiro passo é prestar atenção nas atitudes do dia a dia, nas pequenas tarefas, e refletir sobre como está agindo. Ou seja, admitir que você age como lócus externo — se for esse o caso — para, depois, querer mudar.

É realmente difícil frear o primeiro impulso de transferir para o outro a responsabilidade. É quase um reflexo. Mas, passado o primeiro momento, podemos — e devemos — refletir: o que eu fiz ou deixei de fazer para isso acontecer? O que eu posso fazer de diferente para mudar o resultado? Será que já pensei em todas as alternativas para aumentar as chances de conseguir o que desejo ou aquilo de que preciso?

Ao nos questionarmos tanto quando deu certo como quando deu errado, podemos tirar aprendizados, praticar mais o que funcionou ou fazer diferente em uma próxima oportunidade. Se estiver no meio de um processo, então dá tempo de perceber que não terá êxito apenas esperando que o mundo colabore e de buscar novas formas para aumentar a probabilidade de sucesso.

Antes de fazer as perguntas, é essencial aprender a se perdoar e a anular o sentimento de culpa para poder pensar com mais tranquilidade. "Eu fiz o melhor que podia naquela situação. Dentro do repertório que eu tinha naquele momento, fiz o melhor. A partir dessa conclusão, o que posso fazer de diferente para ter mais chances na próxima vez?" Lembre-se de que praticar o lócus interno não tem a função de gerar sofrimento; é para se sentir mais confiante e potente. É importante aceitar que, mesmo fazendo todas as análises, assumindo as responsabilidades, nem sempre teremos sucesso, mas assim aumenta-se as chances consideravelmente. Aí está nosso poder! Acha pouco? Talvez seja mesmo. Mas saiba que, sendo lócus externo, você está abrindo mão desse pouco poder que tem.

A percepção de que podemos ser mais potentes — e não onipotentes — transforma a relação que temos com o mundo. Como gestor, o profissional se empodera, acredita em sua capacidade de influenciar os colaboradores e de que dará conta dos desafios propostos. Depois de ter se fortalecido, o próximo passo é incentivar a equipe a também trabalhar essa habilidade, senão ela direcionará a responsabilidade de todas as tarefas para o gestor (já falamos sobre isso nos capítulos 5 e 6), além de manter a postura de culpar os eventos externos por não atingirem as metas estabelecidas. A sugestão é promover conversas com a equipe sobre essa teoria e combinar que trabalhem com o lócus interno, refletindo e auxiliando uns aos outros na construção dessa cultura dentro da área. No capítulo sobre contrato, sugerirei que se faça um acordo de atitudes com a equipe, sendo o lócus interno um dos itens que recomendo fortemente você contratar com a equipe.

Vale refletir também sobre a cultura geral da empresa. A companhia incentiva qual lócus? Como se lida com os erros? Como é a relação entre as áreas? É conflituosa com uma culpando a outra, um ambiente com troca de acusações, ou é colaborativa com a divisão das responsabilidades e o incentivo à cooperação? Uma empresa com lócus externo como um todo tem dificuldade de aprender com os erros, é pouco aberta a mudanças e sofre mais com as crises de mercado, pois gasta muito tempo (inconscientemente) buscando culpados e justificativas, em vez de focar as soluções, naquilo que ainda não foi pensado, para aumentar as chances de sucesso.

Costumamos "operar" no modo automático, e se não tentarmos mudar deliberadamente, será difícil que isso aconteça. Se você deseja ter mais influência nos resultados, concentre sua energia naquilo sobre o que tem mais controle: suas próprias atitudes. Porque gastar energia e tempo falando só dos fatores externos que provavelmente você não pode mudar é uma perda de tempo.

CAPÍTULO 12

O IMPACTO DAS BASES DE PODER NA LIDERANÇA

VOCÊ UTILIZA TODAS AS FERRAMENTAS
DA SUA CAIXA?

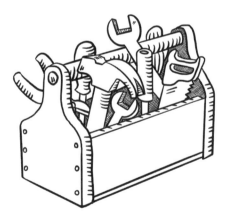

A PALAVRA "poder", original do latim, significa "a capacidade de" e, no âmbito corporativo, está relacionada àqueles com capacidade de liderança, o que não significa necessariamente ter um cargo de gestão.

Mas, em um cargo de gestão, a capacidade de influenciar pessoas potencializa as chances de atingir os resultados esperados. Um bom gestor é aquele que consegue chegar nos resultados com a equipe. Já o líder faz com que as pessoas queiram chegar nos resultados. Percebe a diferença? Pode parecer sutil, mas ao observar com atenção, é nítida a mudança. Com o líder, os colaboradores criam um maior envolvimento emocional e se "entregam mais" para alcançar as metas coletivas.

O que acontece é que nem sempre os gestores se dão conta de que existem várias formas de influenciar o comportamento das pessoas, baseando-se em conceitos diferentes. Tanto no ambiente corporativo como no âmbito pessoal, há um porquê envolvido. Por que as pessoas o seguem? É uma autoridade? É carismático? Consciente ou inconscientemente, utilizamos as bases do poder para que o outro siga as orientações dadas.

Desde a década de 1950, estudiosos analisam as diferentes formas de exercer essa influência. John Robert Putnam French Jr. e Bertram Herbert Raven nomearam as sete bases de poder após pesquisas sobre os pontos positivos e negativos, fortalezas e efeitos colaterais das abordagens feitas à época.

Essas sete bases exploram como um indivíduo consegue exercer influência sobre as pessoas ao seu redor. Praticar todas as bases pode aumentar a capacidade de realização de um profissional, desde que aplicadas de forma correta e entendendo o que cada situação vivida pede. Antes de conhecê-las, é importante destacar que os estudiosos concordam que nenhuma delas tem em si algo de bom ou ruim, tudo depende de como são utilizadas e com qual intenção.

Porém, antes de falar sobre elas, convido você que está lendo a fazer um exercício, uma autoanálise, para que aproveite melhor o que vem a seguir.

Autoanálise sobre o uso das diversas bases de poder

Este instrumento é concebido para ajudá-lo a refletir sobre por que as pessoas de sua equipe fazem o que você deseja. Em outras palavras, como você influencia a equipe.

Listados a seguir, estão 21 pares de razões frequentemente dadas pelas pessoas quando são perguntadas sobre o porquê de fazerem as coisas que o gestor sugere ou quer que elas façam.

Você sempre terá duas alternativas para a resposta, e a pergunta será sempre a mesma: "**os outros respondem às minhas ações de liderança porque...**" Deixe uma nota (0, 1, 2 ou 3) ao lado de cada letra, conforme o grau de importância relativa à razão pela qual acha que as pessoas realizam o que você pretende. Se der 0, por exemplo, significa que nunca as pessoas te seguem por aquela razão. Se der 3, quer dizer que sempre é por aquela razão. Se utilizar 1 e 2, há um certo equilíbrio entre as duas razões. Mas, atenção: a soma tem de ser sempre 3. Exemplo:

3A		2C		1E		0G
0B		1D		2F		3A
3 + 0 = 0		2 + 1 = 3		1 + 2 = 3		0 + 3 = 3

Antes de começar, vamos à última orientação. Todos temos a tendência de buscar as respostas que acreditamos ser a certa, e não como de fato as coisas acontecem no dia a dia. Minha sugestão é a de que você reflita e responda sinceramente, pensando em sua equipe, para que tenha um resultado fidedigno e que consiga se desenvolver a partir dele.

Os outros respondem às minhas ações
de liderança porque:

1	**A**	Eu posso determinar sanções e punições àqueles que não cooperam comigo.
	B	Eles percebem que eu tenho ligações com pessoas importantes e influentes.
2	**C**	Eles respeitam meu conhecimento, compreensão, julgamento e experiência.
	D	Eu possuo ou tenho acesso a informações que são importantes para os outros.
3	**E**	Minha posição na organização me confere autoridade para dirigir suas atividades de trabalho.
	F	Eles me admiram e têm uma relação muito forte comigo, se identificam com minhas ideias.

4	**G**	Eu posso dar recompensas e apoio àqueles que cooperam comigo.
	A	Eu posso determinar sanções e punições àqueles que não cooperam comigo.
5	**B**	Eles percebem que tenho ligações com pessoas importantes e influentes.
	C	Eles respeitam meu conhecimento, compreensão, julgamento e experiência.
6	**D**	Eu possuo ou tenho acesso a informações que são importantes para os outros.
	E	Minha posição na organização me confere autoridade para dirigir suas atividades de trabalho.
7	**F**	Eles me admiram e têm uma relação muito forte comigo, se identificam com minhas ideias.
	G	Eu posso dar recompensas e apoio àqueles que cooperam comigo.
8	**A**	Eu posso determinar sanções e punições àqueles que não cooperam comigo.
	C	Eles respeitam meu conhecimento, compreensão, julgamento e experiência.
9	**B**	Eles percebem que tenho ligações com pessoas importantes e influentes.
	D	Eu possuo ou tenho acesso a informações que são importantes para os outros.
10	**C**	Eles respeitam meu conhecimento, compreensão, julgamento e experiência.
	E	Minha posição na organização me confere autoridade para dirigir suas atividades de trabalho.
11	**D**	Eu possuo ou tenho acesso a informações que são importantes para os outros.
	A	Eu posso determinar sanções e punições àqueles que não cooperam comigo.
12	**E**	Minha posição na organização confere-me autoridade para dirigir suas atividades de trabalho.
	B	Eles percebem que tenho ligações com pessoas importantes e influentes.
13	**F**	Eles me admiram e têm uma relação muito forte comigo, se identificam com minhas ideias.
	C	Eles respeitam meu conhecimento, compreensão, julgamento e experiência.

14	G	Eu posso dar recompensas e apoio àqueles que cooperam comigo
	B	Eles percebem que tenho ligações com pessoas importantes e influentes.
15	A	Eu posso determinar sanções e punições àqueles que não cooperam comigo.
	E	Minha posição na organização me confere autoridade para dirigir suas atividades de trabalho.
16	B	Eles percebem que tenho ligações com pessoas importantes e influentes.
	F	Eles me admiram e têm uma relação muito forte comigo, se identificam com minhas ideias.
17	C	Eles respeitam meu conhecimento, compreensão, julgamento e experiência.
	G	Eu posso dar recompensas e apoio àqueles que cooperam comigo.
18	D	Eu possuo ou tenho acesso a informações que são importantes para os outros.
	F	Eles me admiram e têm uma relação muito forte comigo, se identificam com minhas ideias.
19	E	Minha posição na organização me confere autoridade para dirigir suas atividades de trabalho.
	G	Eu posso dar recompensas e apoio àqueles que cooperam comigo.
20	F	Eles me admiram e têm uma relação muito forte comigo, se identificam com minhas ideias.
	A	Eu posso determinar sanções e punições àqueles que não cooperam comigo.
21	G	Eu posso dar recompensas e apoio àqueles que cooperam comigo.
	D	Eu possuo ou tenho acesso a informações que são importantes para os outros.

Transfira os resultados totais — veja quantas vezes você marcou cada uma das letras e insira, na próxima página, o total nos quadrados correspondentes. Para você ter certeza de que somou corretamente, a soma dos números inseridos nos quadrados deve totalizar 63.

Depois, coloque cada total na coluna do gráfico, fazendo um círculo em torno do número correspondente. Trace uma linha juntando cada círculo assinalado para completar seu inventário.

TOTAIS

A		B		C		D		E		F		G	
☐	+	☐	+	☐	+	☐	+	☐	+	☐	+	☐	= 63

A	B	C	D	E	F	G
18	18	18	18	18	18	18
17	17	17	17	17	17	17
16	16	16	16	16	16	16
15	15	15	15	15	15	15
14	14	14	14	14	14	14
13	13	13	13	13	13	13
12	12	12	12	12	12	12
11	11	11	11	11	11	11
10	10	10	10	10	10	10
9	9	9	9	9	9	9
8	8	8	8	8	8	8
7	7	7	7	7	7	7
6	6	6	6	6	6	6
5	5	5	5	5	5	5
4	4	4	4	4	4	4
3	3	3	3	3	3	3
2	2	2	2	2	2	2
1	1	1	1	1	1	1
0	0	0	0	0	0	0

A	B	C	D	E	F	G
Coercitivo	Conexão	Especialista	Informação	Legítimo	Referência	Recompensa

O que você achou? Foi difícil fazer a autoavaliação? Agora tenha o resultado em mente e observe-o enquanto descrevo cada uma das sete bases de poder.

A primeira base de poder tem uma tradução para o português, a qual é muito forte e não acredito que a descreva como deveria. Vou chamá-la de **Gerar uma Consequência**, comumente traduzida como Poder Coercitivo. Ela se refere à capacidade que o gestor tem de gerar uma consequência quando a equipe tem um comportamento ou desempenho inadequado, como dar um feedback e, nos casos mais graves, uma advertência. O que acontece é que conversas difíceis podem gerar um desconforto, e, em alguns casos, os colaboradores que seguem esse líder podem ser motivados pela preocupação de que se não fizerem o que foi solicitado, poderão sofrer algum tipo de punição ou repressão. É preciso desmistificar que é sempre sobre coisas ruins. Embora possa ser sobre um assunto delicado, as conversas difíceis devem ser sempre respeitosas.

O objetivo dessa base é mostrar para o colaborador que aquilo que está fazendo está gerando uma consequência para ele. Um ambiente que não gera consequência não é favorável à produtividade e ao crescimento. O ser humano precisa disso. Pode parecer um pouco rígido a princípio, mas podemos refletir sobre algumas ações comuns do nosso dia a dia. No trânsito, por exemplo, muitas pessoas só dirigem de forma segura porque existem consequências se não o fizerem: os radares verificam se estamos seguindo as orientações daquela via e as multas são enviadas para quem não está. O ideal seria que não precisássemos disso. Mas precisamos.

No mundo corporativo, as consequências podem ser de ordem material ou psicológica. Material é aquele bônus que só é entregue para quem atingiu as metas; o colaborador que é promovido é aquele que teve os comportamentos esperados. Em casos mais graves, há punições que estão nas leis trabalhistas, como uma advertência ou até uma suspensão. As de ordem psicológica são os tão falados feedbacks de melhoria, feitos de forma que mobilizem a pessoa a realmente mudar.

Todos os gestores têm a autoridade hierárquica para utilizar essa base de poder e deveriam se sentir confortáveis em utilizar quando outros recursos foram feitos e não tiveram resultado. Porém, uma parcela dos gestores tem dificuldade em usar essa base de poder. Seja por necessidade de aceitação, para conseguir o amor da equipe ou qualquer outro motivo, mesmo quando necessário, acaba não o fazendo e contribui para o não crescimento das pessoas e, consequentemente, nos resultados da empresa.

Há também um lado negativo que deve ser considerado. Quando utilizado indiscriminadamente, ou de forma desrespeitosa, o efeito conquistado é o contrário do esperado. As pessoas ficam com medo e não buscam melhorar, são desmotivadas, apresentam uma baixa produtividade, trabalham tensas. Pode resultar, ainda, em colaboradores com menos iniciativa, que fazem exatamente o que o gestor está pedindo, sem compartilhar suas opiniões, pois assim, se der errado, a culpa não é deles. Infelizmente em algumas companhias, esse é um comportamento vigente, que faz parte da cultura, e muitos gestores o utilizam acreditando ser o certo a se fazer.

Assim como as demais bases, o gestor deve saber quando e como utilizá-la para conquistar resultados positivos, ou seja, deve tê-la em sua "caixa de ferramentas" para quando necessário. Algumas dicas para fazer essa avaliação são: ter discernimento entre uma boa entrega ou um comportamento que não é esperado quando o colaborador ainda está em curva de aprendizado e ainda não tem todas as *skills* necessárias. Ou quando as entregas são sempre positivas e aconteceu um erro pontual. Qualquer ser humano, por melhor que seja, sempre erra. Então, será que é mesmo necessário? Ou ainda em casos de erro legítimo, quando o profissional tentou de todas as formas e, ainda assim, não atingiu o resultado esperado. Já se o colaborador não tem feito recorrentemente as entregas como o esperado, mesmo tendo experiência e maturidade técnica, talvez seja uma boa oportunidade para chamá-lo para uma conversa.

Vamos agora para a segunda base de poder, a **Conexão**. Já aviso que é uma base polêmica. Ela é baseada nos contatos que o gestor tem, que foram cultivados por meio do bom relacionamento e que podem ser utilizados para o bem comum. Como essa base nem sempre é utilizada eticamente, nem sempre é vista com bons olhos. Mas é importante lembrar que o ser humano é um ser político e fazemos isso o tempo todo, às vezes até mesmo sem perceber.

Utilizo a seguir um exemplo emblemático para ilustrar. A Madre Teresa de Calcutá fazia isso com frequência. Você se lembra das fotos dela? Quando não estava em suas obras, sempre aparecia ao lado de líderes mundiais, pois usava suas conexões para conseguir promover sua obra, sempre de forma ética, pensando no bem do coletivo. O mundo organizacional é um ambiente político, e não é só sua capacidade técnica que o fará alcançar os resultados almejados. A Madre sozinha provavelmente não teria conseguido dar a dimensão que sua obra atingiu.

Dessa forma, buscar uma boa rede de contatos dentro da empresa e cultivar boas relações são ações esperadas. Um bom gestor terá de negociar os interesses de sua área com as demais. Porém, para se ter certeza de que está fazendo isso de forma ética, sugiro refletir sobre duas perguntas: quando você tem um objetivo e está utilizando as pessoas para conquistá-lo, esse objetivo beneficiará só a você mesmo ou também aos outros e à empresa? E você, ao atingir esse objetivo, prejudicará alguém? Se alguma das respostas for sim, é melhor acender a luz de alerta e refletir com atenção. Provavelmente você não deveria fazer isso.

O principal ponto positivo dessa base é a capacidade de se relacionar bem e trabalhar em rede, uma competência muito valorizada nessa Era Digital. Já o lado negativo é quando o gestor praticamente sustenta sua autoridade baseado APENAS nisso, em sua rede de conexões. Aquele velho conhecido caso do sobrinho do diretor que foi promovido, do afilhado que se tornou gerente — e por aí seguem muitos exemplos que, com certeza, todos nós conhecemos na vida corporativa.

A terceira base de poder é a do **Especialista**. Nesse caso, é o conhecimento técnico que se sobressai: o gestor é a pessoa que tem mais conhecimento no assunto do departamento, que está a mais tempo naquela atividade, é uma autoridade técnica. Algumas pessoas têm dificuldade de enxergar o lado negativo desse poder, mas todos eles têm. Mesmo sem querer, o gestor pode deixar a equipe dependente, pois inconscientemente os colaboradores se acomodam e acabam o procurando para solucionar todas as demandas, afinal, ele é o especialista. Se utilizado em excesso, então, pode infantilizar a equipe.

Em vinte anos aplicando esse teste em milhares de treinamentos, digo com segurança que 75% dos participantes identificam essa base como a mais forte quando pergunto em uma sala. Se são vinte gestores, quinze dizem que essa é a sua base mais forte. É totalmente compreensível, pois normalmente as pessoas promovidas são as que mais entendem do assunto. Já falamos sobre isso nos capítulos anteriores, mas reforço que as *skills* para ser gestor deveriam estar mais ligadas às competências de relacionamento, em vez de serem tão direcionadas às técnicas.

Paradoxalmente, embora essa base de poder, quando é muito alta, possa ser a que mais inibe o desenvolvimento da equipe, também é a que dá a maior possibilidade de o gestor desenvolvê-la. Isso porque, se souber compartilhar seu conhecimento com o time, com a habilidade de um líder *coach*, isso contribuirá para que adquiram o *know-how* para avançarem em sua maturidade técnica e, assim, fazer o trabalho sem depender dele. Agora, se tem sempre as respostas prontas, sem ajudá-los a refletir e a entender o porquê, dizendo simplesmente para fazer daquela maneira, o gestor faz uma apropriação da equipe. Nos próximos capítulos, falarei mais sobre performance e abordarei com detalhes a capacidade de a equipe ir se apropriando do conhecimento do líder de forma que chegue a um patamar de maturidade técnica que não dependa mais desse gestor.

A quarta base de poder é da **Informação**, que é facilmente confundida com a terceira. Nesse caso, ela se refere às informações estratégicas às quais os outros colaboradores não têm acesso. O gestor é valorizado não por seu conhecimento técnico, mas sim por esses dados, que podem ser de mercado ou da própria empresa, de outra área ou da diretoria, por exemplo. O lado positivo é sempre utilizar essas informações a favor do grupo, para beneficiar as entregas da área; consequentemente, o negativo é utilizá-lo em benefício próprio ou para intimidação dos demais. Participar de uma reunião estratégica e depois dizer "muita coisa vai mudar por aqui", manipulando os colaboradores, disseminando o medo e a insegurança, com o intuito de ser bajulado, é um exemplo clássico do uso indevido.

O poder **Legítimo** é a quinta base. É aquele que exerce a influência por conta do cargo que ocupa. Ao assumir uma posição de gestão, esta vem acompanhada de uma série de possibilidades, e isso inclui uma autorização para fazer certas coisas que os outros colaboradores não podem, como ser responsável por algumas decisões que impactarão o trabalho e a rotina das pessoas, como carga horária, flexibilidade, *home office*, bônus, promoções, entrada em novos projetos, entre outros. Os colaboradores "o seguem" por sua autoridade legitimada pela empresa. Algumas profissões trazem essa legitimação já com sua posição, como médicos e juízes, que são autoridades que podem ter determinadas atitudes sem o consentimento de outros. Alguns gestores, especialmente aqueles recém-promovidos, podem ter dificuldades em assumir essa base, pois se sentem constrangidos em ter um poder diferente daquele de seus colegas.

O lado obscuro dessa base é não fazer uma análise ética do poder que está legitimado a cumprir, ou seja, a famosa "carteirada". É abusar de seu cargo utilizando-o em benefício próprio, achar que só a sua opinião vale, desconsiderando as sugestões da equipe.

Chegamos então à sexta base, o poder de **Referência**, atribuída aos profissionais que influenciam por suas atitudes e comportamentos, que geram admiração nos demais. É o que dizemos quando tal pessoa é um líder natural, que inspira as pessoas; que é justa, ponderada, equilibrada. Tem valores que não têm necessariamente a ver com o cargo, sendo características que não são ligadas de maneira obrigatória à posição. Os colaboradores o escutam por ser uma pessoa coerente, que passa credibilidade. Pode estar também relacionado à postura meritocrática, ou seja, quando o gestor deixa claros quais são os critérios utilizados e as competências que valoriza para promoções e reconhecimentos. Ninguém é privilegiado por ter um relacionamento mais próximo a ele, pois mantém uma neutralidade e faz uma avaliação justa com todos.

Seu uso negativo está relacionado à permissividade — quando, para ganhar a admiração das pessoas, ele se sente na obrigação de ser sempre popular e, assim, evitar decisões que não sejam as desejadas, mesmo que necessárias. Para não cair nessa armadilha, o gestor deve ter em mente que não pode ter o compromisso de agradar a todos, senão não exercerá sua função de forma adequada. Outro ponto negativo é terceirizar as decisões difíceis, culpando terceiros, em vez de assumir a responsabilidade. Por exemplo, quando um colaborador pede um aumento e a empresa tem uma política salarial na qual aquela pessoa já está no patamar máximo permitido, no lugar de falar como o representante que é e explicar a situação, ele diz: "Adoraria dar esse aumento, acho supermerecido, mas o RH não aprovou. Sabe como eles são, né?"

A última base de poder é a **Recompensa**, que também pode ser chamada de **Reconhecimento**. É o oposto da primeira, a da Consequência, pois é relacionada ao positivo. Aqui, os colaboradores o seguem porque sabem que podem ganhar benefícios desse gestor, que, assim como na primeira base, podem ser materiais ou psicológicos. Os materiais incluem promoção, bônus, escolher quais colaboradores podem participar de um projeto que seja interessante para a carreira e o desenvolvimento deles. Já os psicológicos demonstram legitimamente o reconhecimento pela dedicação, resultado e postura dos colaboradores.

O lado negativo é quando o gestor usa isso como moeda de troca, ou seja, as pessoas trabalham só pensando nos possíveis benefícios. Outra questão é quando esses benefícios são distribuídos por interesse ou sem um critério preestabelecido, não sendo, então, reconhecimentos justos.

Agora que especifiquei cada um deles, é hora de rever seu gráfico do exercício e interpretá-lo. Qual é o modelo considerado ideal? O ideal é ter um equilíbrio razoável entre as sete bases de poder. Não é necessário utilizar todas sempre, na mesma dimensão, mas é importante se sentir confortável em utilizá-las à medida que for necessário. Darei alguns exemplos para ficar mais claro.

Digamos que a base da Consequência tem ficado muito abaixo no seu gráfico. Isso significa que você precisa "punir" mais as pessoas da equipe? Não! Significa que é necessário refletir sobre o porquê: está baixa porque você não consegue utilizá-la quando deveria ou porque a equipe não solicita isso, ou seja, não é necessário atualmente? Se a resposta é a primeira opção, então pode ser um problema, pois você não está exercendo como deveria todas as bases que são inerentes a se fazer uma boa liderança. Mas se a resposta é a segunda opção, se você sabe utilizá-la, mas a equipe não está exigindo isso, então está tudo certo.

Uma analogia que gosto bastante é a da caixa de ferramentas. Se você tem apenas uma base de poder muito forte ou duas, é como se tivesse dois tipos de ferramentas em sua caixa. Assim, ao se deparar com um tipo de problema que exige outro tipo de ferramenta, você terá de adequá-la para solucioná-la. Se você tem um martelo e encontra um parafuso, terá de adequá-lo para a situação, quando, na verdade, o ideal seria utilizar uma chave de fenda. Por isso, o ideal é que o gestor tenha as sete ferramentas, e não necessariamente use todas sempre, mas sim as tenha e saiba quando utilizá-las.

É importante observar que, culturalmente, em razão da forma histórica como a gestão foi estabelecida, muitos gestores são treinados a utilizar a Consequência com mais frequência que as demais, especialmente do que o Reconhecimento. Por isso, o gestor deve se policiar para perceber como está exercendo os poderes em seu dia a dia. Por exemplo: ao analisar um relatório de dez páginas, encontrar dois erros e na conversa com o colaborador sinalizar esses erros, mas sem elogiar o fato de que o restante está correto. Veja, a maior parte está correta, mas ele prefere enfatizar apenas o que não está. Tradicionalmente, o gestor é treinado a ter essa postura, evitando salientar os avanços e progressos do time, mas, como pudemos perceber, esse desequilíbrio desmotiva. A baixa autoestima da equipe impede a progressão coletiva e individual, e o colaborador não se sente empoderado para continuar. Por isso, o equilíbrio é fundamental. Cabe ao gestor identificar essas "armadilhas culturais" e trabalhar seu repertório para tentar equilibrar a balança das sete bases.

CAPÍTULO 13

O CONTRATO COMO FERRAMENTA DE GESTÃO

TODOS ESTÃO CIENTES DE QUE ATITUDES SE ESPERA DELES?

SEMPRE É bom relembrar que um dos desafios do gestor é lidar com a diversidade de pessoas. Certamente é daí que vem o diferencial de se trabalhar como equipe: pontos de vista diferentes, quando bem gerenciados, podem proporcionar soluções coletivas muito mais criativas e, possivelmente, mais funcionais para os problemas cada vez mais complexos que o mundo apresenta. Mas não se engane: lidar com as diferenças individuais requer habilidade.

Muitos gestores se comportam como se todas as pessoas da equipe pensassem e agissem como ele. Quantas vezes você já se decepcionou ao perceber que seu colaborador não lidou com determinada situação como você lidaria? Pois é, você não está liderando iguais. Cada um carrega, além de características pessoais, habilidades e conhecimentos diferentes, histórias que estimularam valores, crenças, expectativas e limitações diferentes.

Isso pode gerar desalinhamentos entre o que você espera e como o colaborador se comporta. Além disso, embora seja primordial que haja diferenças no grupo, há também a necessidade de alguns pontos comuns que permitam um funcionamento consensual. Sem que existam compromissos que todos se comprometem a seguir, dificilmente um grupo conseguirá desenvolver o espírito de equipe e adquirir a dinâmica de um verdadeiro time.

Você já fez um contrato comportamental com sua equipe? Acredite: embora seja uma ferramenta simples, é muito eficiente para solucionar questões que são importantes para o gestor, das quais nem sempre os colaboradores têm a mesma percepção.

Nos treinamentos que já conduzi, algumas dificuldades relatadas pelos gestores são comuns: separar a amizade dos momentos profissionais; o respeito aos prazos; desenvolver o trabalho em equipe; fazer a checagem minuciosa das informações. São questões do dia a dia que incomodam, mas que são pouco comentadas — a resposta dos gestores, quando questionados se já as tinham abordado com seus times, é majoritariamente "não". E como atender às expectativas do gestor se elas não foram combinadas formalmente? Como saber o que é mais importante entre as demandas diárias se ele nunca sinalizou?

É assim que chegamos no contrato. Ao esclarecermos os pontos importantes, é possível cobrar as atitudes esperadas com mais clareza, e dessa forma, a própria equipe consegue se autogerenciar melhor. É um estímulo extra para a horizontalização do poder. O acordo comportamental deve ser feito em conjunto e utilizado por todos recorrentemente, não é para ficar na gaveta! O gestor deve ser um guardião dele e checar com frequência se o grupo está cumprindo o combinado.

Você pode estar se perguntando se é realmente necessário ser tão claro e se não seria apenas uma questão de bom senso. Daí te pergunto: quantas pessoas você já conheceu que admitiam não ter bom senso? Não é possível gerenciar pessoas pensando no bom senso. Cada um tem sua história, uma vivência diferente, que faz com que esse bom senso seja diverso. É preciso ser nivelado e deixado às claras para que todos tenham as mesmas informações.

Volto a destacar que outro benefício do contrato é o de contribuir para fortalecer a identidade do grupo. No geral, as equipes são compostas por pessoas que têm valores diferentes e que, consequentemente, se comportam de modo diferente. E está tudo bem. Mas ao estabelecer algumas regras de funcionamento, com os aspectos comportamentais que são inegociáveis, os colaboradores desenvolvem um senso de pertencimento e, aos poucos, vão formando a cultura daquele time, encontrando a melhor forma de atingir as metas estabelecidas.

Você já deve ter visto projetos e metas que não tiveram o desfecho bem-sucedido graças às atitudes de alguns colaboradores que não contribuíram para o resultado esperado. As chances de sucesso aumentam muito quando há o comprometimento de toda a equipe com as regras estabelecidas. Por isso, minha sugestão é fazer uma reunião com todos, deixando claros os objetivos e desafios daquele grupo e perguntando para os participantes quais são os comportamentos que aumentam as chances de eles serem alcançados. Como podem criar um ambiente mais favorável para isso? Contar com a participação dos colaboradores e trazê-los para a discussão aumenta o engajamento, e a probabilidade de se dedicarem ao que foi estabelecido é maior. Outro benefício é o estímulo ao protagonismo, pois a construção democrática gera uma maior sensibilização nas pessoas.

Nesse processo democrático, o gestor não precisa aceitar todas as sugestões; o ideal é discutir com o grupo as propostas para chegar ao modelo mais adequado. Após a construção democrática, o gestor também pode colocar alguns itens que são inegociáveis, deixando claro que devem fazer parte, pois ele os considera imprescindíveis, e, assim, chegar a um modelo que tenha o que foi discutido alinhado ao àquilo em que se acredita. Outra dica relevante é priorizar. Ninguém se lembra de um contrato muito extenso; sugiro ter, no máximo, cinco itens eleitos, para que todos saibam de cor. Podem ter outros pontos importantes, mas esses são os prioritários.

Definidos os termos, é hora da prática. Ele deve ficar visível a todos. Se o modelo de trabalho for presencial, pode ficar na parede, por exemplo; se for *home office*, é possível utilizá-lo no plano de fundo das reuniões remotas. Deixe-o à vista, certifique-se de que todos estão cientes e faça avaliações periódicas para checar se o combinado está sendo praticado. Assim, a gestão de desempenho pode ser feita não só com base nas entregas, mas também nos comportamentos que foram contratados.

Estabelecer o acordo também é um modo de alinhar as expectativas com relação a futuras promoções. Quantas vezes, ao receber um reconhecimento ou mudar de função, os pares daquele profissional se sentem injustiçados e acreditam que ele só conquistou a nova posição por ser amigo do chefe ou qualquer outra teoria que circula na famosa "rádio peão"? O que acontece em muitos casos é que os critérios que estavam sendo avaliados não estavam claros para todos. Nem sempre a meritocracia é referente às entregas, pode ser também pelas habilidades e pelos comportamentos valorizados, ou uma combinação de ambos.

Utilizá-lo com coerência e de forma frequente é fundamental para que seja respeitado. É uma ferramenta simples e potente, mas válida apenas quando o gestor a faz e a usa com a equipe. Promover alguém que bate todas as metas, mas que não a cumpre, por exemplo, faz com que essa pessoa perca a credibilidade. O contrato deve ser, então, pertinente para todas as situações.

Uma pergunta que ouço com frequência é quando fazê-lo. O ideal é aproveitar inícios de períodos, como mudança de ano, começo de um novo projeto, tarefas com duração limitada. Quando um gestor é recém--promovido, também é uma ótima oportunidade. Certa vez, durante um treinamento, uma coordenadora compartilhou comigo que, quando assumiu o novo cargo, logo chamou a equipe para propor o alinhamento de expectativas por meio do contrato. Satisfeita, disse que foi muito bem acolhida e que recebeu elogios dos colegas e antigos pares, que realmente acreditaram que ela era a mais capacitada para fazer a gestão. Até um deles, anteriormente contrariado por ela ter sido a escolhida, admitiu que ele mesmo não faria isso se tivesse sido promovido e que tinha gostado bastante da atitude.

Caso você não esteja em nenhum desses momentos, mas queira colocar isso em prática já, siga mesmo assim. Diga: li em um livro, aprendi uma nova ferramenta que achei importante e quero implementar. Não precisa haver um momento certo, mas é preciso contextualizar para a equipe entender o porquê e dar o devido valor ao contrato. E se você já utilizar e chegar um novo colaborador, apresente para ele logo na integração. Fale sobre as regras combinadas, os comportamentos desejados, as expectativas suas e as dos colegas.

Gostaria de concluir este capítulo destacando que o contrato é também a hora de formalizar a nova expectativa que as empresas têm — ou deveriam ter — sobre o papel do colaborador, tratado no Capítulo 1 deste livro. Recomendo fortemente que um dos itens de seu contrato seja sobre a expectativa em relação ao protagonismo do colaborador — iniciativa e autonomia são indispensáveis para você conseguir fazer gestão e se dedicar a coisas mais estratégicas.

CAPÍTULO 14

GESTÃO DA MUDANÇA SOB O PONTO DE VISTA HUMANO

A RESISTÊNCIA ESPERADA FRENTE
AO DESCONHECIDO

VOCÊ É um profissional resistente a mudanças? No mundo corporativo, é bem comum a negação rápida ao receber esse questionamento, mesmo

que não seja bem assim. O profissional que não aceita de cara as mudanças não é bem-visto pelo RH, pelos gestores e próprios colegas. Mas essa é uma mensagem errada, pois a resistência à mudança é algo instintivo.

A forma como o líder lida com as transformações, sejam pessoais ou com a equipe, é o que fará a diferença. Ao falar sobre gestão da mudança, destacarei como as atitudes e habilidades do gestor impactam os resultados. Há metodologias específicas sobre esse tipo de gestão, mas não é sobre isso que falarei a seguir.

Uma das atribuições feitas ao gestor é a de estimular a mudança. Na liderança ambidestra, já explicada no Capítulo 7, destaca-se a habilidade de gerenciar o hoje enquanto o futuro sustentável é construído. Para promover transformações, é preciso perceber as necessidades e se antecipar a elas. Porém, como a mudança impacta nosso emocional é um assunto pouco discutido.

Esconder a resistência é um grande equívoco, pois ao acharmos que estamos errados ao senti-la, utilizamos mecanismos para não enxergar o que estamos fazendo e, assim, criamos desculpas para "esconder" a questão. Ao camuflar nossos verdadeiros sentimentos, não conseguimos fazer a gestão deles. Para não cair nessa "armadilha emocional", a primeira coisa que as pessoas precisam saber é que elas estão autorizadas a resistir à mudança! Não por mim, mas pela natureza humana.

Se a pessoa é saudável psicologicamente, ela tem resistência. Isso não quer dizer que não vá mudar. É um instinto, um sentimento que mobiliza e impede a fluência, mas não paralisa. Assim como as demais reações naturais, é funcional; serve como uma proteção e é realmente útil na preparação para situações que de fato podem ser perigosas. A resistência nos faz tomar cuidado e avaliar com cautela o contexto. Afinal, o que seria de nós se decidíssemos pular de paraquedas, mergulhar a vinte metros de profundidade ou comprar um carro usado sem nenhum sentimento de resistência para nos frear e nos preparar?

Por isso, a resistência à mudança é muito bem-vinda, é com ela que não negligenciamos o risco que o desconhecido pode trazer. Mas quando pode ser um problema? Quando, de fato, paralisa ou faz postergar a mudança de um jeito que não seja possível mais realizá-la. Assim como todos os nossos sentimentos, a resistência deve ser proporcional e bem dimensionada. E para que seja na proporção adequada, precisamos saber que ela existe e como gerenciá-la.

O primeiro passo para o gestor é reconhecer a resistência em si mesmo, legitimá-la e depois saber como agir quando ela se manifestar em sua equipe. Quando o líder não sabe lidar com isso, normalmente o time finge que aceita as novas ideias e cria mecanismos ocultos para resistir. Depois de perceber e validar esse instinto, o segundo passo é criar um ambiente favorável, no qual os colaboradores possam falar sobre seus medos e suas inseguranças.

Geralmente, há três razões principais para que os profissionais resistam, e para cada uma delas há uma maneira de lidar. A primeira é o **medo do desconhecido**. Nós somos programados para sobreviver. Nosso corpo enfrenta ameaças, e a psique também, pois não sabemos se temos repertório para lidar com o que acreditamos ser uma situação de risco.

A segunda é a **zona de conforto**. Ao realizarmos atividades no automático, economizamos energia. E toda mudança promove um descongelamento do organismo, do cérebro, força um novo aprendizado, e gastamos mais energia para isso. Faz parte de nossa natureza tentarmos automatizar tudo e fazer as coisas sempre da mesma forma.

A terceira razão é que **toda mudança implica uma ou várias perdas**. De alguma forma, haverá um luto, seja de coisas concretas ou subjetivas.

Ao identificar as razões, o gestor pode encontrar mecanismos para minimizar a resistência, ajudar o grupo a percebê-las e a lidar melhor com cada uma delas. Na primeira, o medo do desconhecido, o gestor pode começar analisando se é um medo legítimo, ou seja, se faz sentido no contexto em que estão ou se é uma fantasia. É um medo factível? Vale a pena se preparar para isso? Se acontecer, como podemos lidar com a situação? Deixar as pessoas falar sobre seus medos é importante, e se for algo que pode vir a se realizar, podem se organizar em conjunto para minimizar os riscos, preparando-se para as situações futuras.

No segundo caso, o da famosa zona de conforto, eu adoraria compartilhar uma fórmula mágica, mas infelizmente não há. A dica aqui é ter disciplina para aprender o novo. Esse "novo" logo mais será a zona de conforto. A disciplina, ao contrário do que se pensa, não prende, mas liberta. As pessoas disciplinadas têm mais opções que as indisciplinadas. A boa notícia é que ela pode ser treinada e aprimorada; o ideal é começar por ações que não sejam muito desafiadoras e evoluir aos poucos, com insistência e determinação.

Por fim, o sentimento de perda. Aqui a chave é realmente elaborar o luto. Entender que foi uma perda e se permitir vivê-la. Elaborar a mudança, pensar no que ficou para trás, mas focar os ganhos que ela trouxe. Permitir-se olhar para a perda, falar sobre ela, mas sempre "tirar a roupa preta e seguir em frente", ajudando os colaboradores a também fazerem essa transição.

É importante fugir do discurso politicamente correto em algumas situações. A pessoa mais pessimista, por exemplo, pode ser uma grande aliada ao identificar um problema que não estava sendo considerado na elaboração do planejamento, pois com a observação feita, é possível se preparar com antecedência para resolvê-lo.

O compartilhamento de informações e a transparência também são fundamentais. Quanto menos conhecimento os colaboradores tiverem do que está por vir, mais fértil será o terreno da imaginação e das suposições. É fundamental explicar os porquês a todos, ter clareza nas explicações, entender os motivos das mudanças e como ela ocorrerá. O líder deve ter em mente que qualquer transformação gera uma ansiedade coletiva, que, consequentemente, trará impactos, e deve refletir sobre como poderá ajudar a si mesmo e ao grupo a passar por essa mudança de forma mais funcional. A habilidade de lidar com a mudança é cada vez mais essencial, especialmente na Era Digital e pós-pandêmica.

CAPÍTULO 15

COMUNICAÇÃO SIGNIFICATIVA

COMO "TOCAR" O CORAÇÃO DAS PESSOAS

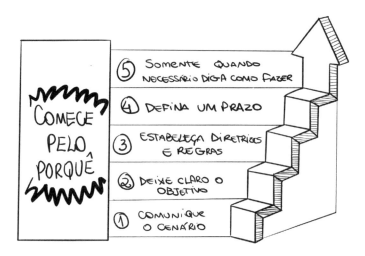

COMO VOCÊ conversa com seu time? Dominar a comunicação é uma competência fundamental para um gestor. É a sua ferramenta primordial de trabalho.

Toda profissão tem um objeto de trabalho. O contator se dedica aos números, o engenheiro domina cálculos, o médico entende o funcionamento do corpo humano. Quando o profissional é promovido a gestor, seu "objeto de trabalho" se transforma. Por mais que a área de atuação permaneça a mesma, as pessoas passam a ser seu objetivo principal.

Por não ser uma escolha óbvia e, na maioria dos casos, não haver um treinamento para isso, o gestor nem sempre tem essa percepção de imediato. Sua função principal, então, passa a ser lidar com o ser humano, compreender e orientar cada um, de forma que desenvolvam o seu melhor e que, juntos, atinjam os objetivos traçados para a área.

O desafio passa a ser como influenciá-los, e, para isso, dominar uma ferramenta específica é essencial: a comunicação significativa. Você pode influenciar alguém de diversas formas, seja pelo comportamento, modo de atuação, reação em determinadas situações, mas o ponto comum em todas elas é a comunicação. Aprimorar essa competência é uma das chaves para o sucesso na nova posição.

Um dos problemas mais comuns que já observei em mais de trinta anos de experiência com gestores dos mais diversos segmentos é seguir no "piloto automático", comunicando sempre o como, sem o porquê. Quando pergunto a um gestor se ele contextualiza as ações ao conversar com a equipe, é bastante comum ouvir que não. A "culpa" costuma ser do tempo: "não dá tempo", "não posso perder tempo com isso", dizem. O mais importante — o porquê — ele não diz. Pergunto, então, se já refletiu sobre o tempo do retrabalho, gasto para explicar diversas vezes a mesma coisa ou corrigindo algo que não foi feito como deveria.

Você já recebeu uma tarefa e não soube o porquê dela? Ficou se perguntando: "Tenho tantas coisas para fazer e vou ter que parar tudo para fazer isso. Qual o sentido?" Se não entendermos o trabalho por completo, a entrega fica comprometida e as chances de refazê-la são grandes. Sem ter a dimensão sobre a importância daquilo, muitas vezes o colaborador encara a tarefa como um peso extra e até se questiona sobre as reais intenções de quem está fazendo a solicitação.

O líder ajuda o profissional a encontrar significado em suas demandas. E como ele faz isso? Transmitindo uma informação completa, começando pela explicação da situação para envolver o colaborador. Com uma comunicação integral, as chances de este atender às expectativas são maiores e as de ter um retrabalho são menores, além de contribuir no aumento da possibilidade de inovar e de fazer sugestões para melhorar o que foi solicitado.

O contexto faz a diferença na execução. Em vez de dizer "preciso do relatório no meu e-mail até às 10h", o gestor pode dizer o seguinte: "Nossa empresa está programando um alto investimento; precisamos de um estudo detalhado do cenário de atuação para identificarmos as possibilidades e escolhermos em quais praças iremos investir. Se escolhermos errado, isso gerará prejuízos significativos! Por isso, preciso entregar um relatório com o que desenvolvemos até hoje detalhando quais são as regiões importantes para nós. Acho você a pessoa mais confiável para esta análise. Você pode preparar e me mandar até amanhã, às 10h? Vou apresentar a nossa visão às 15h na reunião de diretoria." Conhecendo a situação, o colaborador valoriza a tarefa, entende a importância de executá-la com precisão e se sente prestigiado ao contribuir com um movimento tão importante para a empresa.

Temos o costume de culpar o tempo para "otimizar" as ações. A alegação de que "não tenho tempo para contextualizar o time sobre cada atividade" é bastante comum. Mas você já refletiu sobre o tempo que gasta explicando diversas vezes a mesma coisa? Ou corrigindo algo que não foi feito como deveria? É necessário mudar o *mindset* e incorporar o porquê no dia a dia.

Você nunca perde tempo dando uma informação completa. Uma analogia que uso para exemplificar é esta: três pedreiros estão trabalhando na mesma coisa e uma pessoa passa e pergunta a cada um o que está fazendo. O primeiro diz que está empilhando tijolos; o segundo, que está erguendo uma parede; e o terceiro; que está edificando uma igreja.

Para promover uma mudança efetiva na comunicação com a equipe, sugiro seguir cinco passos. Primeiramente, quando for pedir algo, **comece pelo porquê**. Sensibilize o colaborador contextualizando o cenário macro, envolva-o emocionalmente na ação. Assim ele ficará mais predisposto a fazer o que você solicitar a seguir — e, o melhor, se dedicará com mais afinco na execução.

O segundo passo é dizer claramente **o que** você espera da pessoa. Sim, a ordem é fundamental. Sensibilizar primeiro e pedir depois. Se o pedido for feito antes de compartilhar o cenário, a primeira resistência já pode ter sido criada. Um ponto importante é deixar nítido o resultado esperado, e não apenas a tarefa que precisa ser feita para chegar até ele. Seja claro, direto e compartilhe a responsabilidade sobre a entrega final.

O terceiro passo é **esclarecer todos os parâmetros** antes do início. Há algum critério específico a ser seguido? Existem regras diferentes? Se tiver algum procedimento que precisa ser observado com atenção, deixe-o perceptível desde o princípio. Esses são itens fundamentais para estabelecer a margem de autonomia do colaborador, incentivando que ele faça sua autogestão.

O quarto passo é o **prazo**. Quando ele deve começar e quando precisa entregar, assim o profissional pode programar a tarefa dentro da sua rotina.

O quinto e último passo deve ser realizado somente se necessário, pois depende do tipo de tarefa que foi solicitada e do nível de maturidade do colaborador. Normalmente, é necessário para demandas complexas, que nunca tenham sido realizadas ou se a pessoa é nova naquela atividade. É o **como** fazer, explicando em detalhes a execução.

Normalmente, os gestores falam sobre o como e o prazo, sem passar pelos demais. E, assim, inevitavelmente gastam mais tempo no durante e no depois, já que o profissional tem a informação incompleta. Por isso, sugiro uma reflexão sobre seus últimos pedidos. Como você começou? Quais informações compartilhou? Qual foi o resultado?

Começar pelo porquê é uma questão de hábito. Não é uma coisa natural, mas pode vir a ser; é um exercício diário. Ao adotar uma comunicação significativa, envolva o time. Explique a importância e convide todos para participar. Peça para avisá-lo caso não tenham entendido o contexto, se faltar alguma informação, e dê liberdade para questioná-lo.

É importante lembrar que a comunicação do porquê deve ter o mesmo significado para todos. Não adianta a diretoria da empresa discutir a estratégia macro e apenas os escalões mais altos a entenderem. Os demais níveis hierárquicos, inclusive os que estão na "base da pirâmide", também devem ser sensibilizados e entender sua importância no resultado a ser alcançado.

Das cinco etapas listadas, quatro devem fazer parte da rotina de um gestor, mas apenas uma é da natureza do líder: o porquê. Faz parte da capacidade de envolver os colaboradores, ser respeitoso e compartilhar o cenário completo. Precisamos conectar as ações para que façam sentido, de forma que todos saibam a importância de suas atividades para atingir o objetivo do grupo. O gestor consegue que as pessoas façam o que precisa de feito, já o líder faz com que as pessoas queiram fazer. O propósito não deve ser apenas uma frase no site da companhia, mas sim algo genuíno. Compartilhando o porquê, todos se sentem parte daquilo e trabalham com vontade para conquistar juntos as metas estabelecidas.

CAPÍTULO 16
NÍVEL DE MATURIDADE DA EQUIPE

COLABORADORES: ONDE ESTÃO E PARA ONDE PRECISAM IR?

PARA INICIARMOS este tema, peço que se recorde do que falamos no Capítulo 6 sobre o papel do colaborador. Nele, trago uma pesquisa da Duomo evidenciando que aproximadamente 70% dos colaboradores admitem que não se sentem autoconfiantes e/ou completamente preparados tecnicamente para tomar as decisões sobre seu perímetro de trabalho.

Abordamos como isso é assustador pois impede que a empresa funcione como precisa frente aos desafios que o cenário atual exige. Somando-se a outros fatores, como gestores excessivamente sobrecarregados, ambiente pouco estimulante ao desenvolvimento e baixa expectativa de crescimento profissional, a companhia fica em uma condição contrária à ideia que tratei no Capítulo 7 sobre **antifragilidade**. Então, reze para que um Cisne Negro não cruze pelo caminho! Ou, então, orquestre uma mudança imediatamente.

Já falei da necessidade de uma mudança estrutural que reveja o modelo hierárquico construído por décadas e décadas. É evidente que a empreitada ganharia mais velocidade se fosse um programa estratégico e patrocinado fortemente pela cúpula. Todas as políticas de gestão de pessoas e de processos deveriam ser guiadas por tal objetivo, mas, sinceramente, vejo poucas diretorias e áreas de RH plenamente cientes e engajadas nesse desafio. Desse modo, sugiro que o leitor exerça seu lócus interno: faça o que está ao seu alcance, aja naquilo que pode influenciar, em uma mudança dentro de sua área.

Aproveito para lembrar alguns dos passos que já expliquei nos capítulos anteriores: é preciso primeiro mudar seu modelo mental sobre o papel do gestor e o do colaborador. Também é preciso estabelecer uma relação +//+ com a equipe. Não se esqueça de explicar todas as mudanças e contratar claramente as novas expectativas com a equipe, estimulando fortemente o lócus interno. Sempre ajude o colaborador a dar significado àquilo que ele precisa fazer e, para isso, utilize técnica da comunicação significativa.

Agora é o momento de mapear a equipe para identificar qual é o grau de autonomia para desempenhar cada uma das atividades. Recapitulando: uma pessoa empoderada é aquela que "é capaz de" (*poterit*: poder no latim) resolver as coisas. É alguém que consegue performar sem depender do outro para isso. Se a orientação do outro é necessária, quer seja por falta de conhecimento técnico ou por insegurança, o "poder está fora" do colaborador. Ou seja, nessa situação, ele está desempoderado.

Uma boa técnica para mapeamento do colaborador foi amplamente divulgada pelos autores Paul Hersey e Kenneth Blanchard (1986). Essa teoria é considerada clássica, pois, após tantos anos ainda, é oportuna, por tratar a maturidade do profissional como "a capacidade e a disposição das pessoas de assumir a responsabilidade de dirigir seu próprio comportamento" (HERSEY; BLANCHARD, 1986). Não soa bem contemporâneo? Vou me basear nos conceitos descritos pelos referidos autores, mas me permiti ampliá-los à luz da minha experiência e do contexto atual.

Note que o conceito que acabei de citar destaca duas condições para a performance com autonomia: capacidade e disposição. Geralmente, para alguém ser plenamente apto a realizar uma tarefa, precisa ter dois tipos de capacidade: a técnica (*hard skills*) e a comportamental (*soft skills*). Mas tê-las não garante que entregará o resultado esperado. No segundo aspecto, a disposição, também devemos considerar duas óticas: a autoconfiança e o engajamento.

Tente se lembrar: você tem ou já teve um colaborador que demonstra claramente que está engajado para entregar o que deseja, mas acaba não conseguindo a contento porque ainda lhe faltam competências técnicas e/ou comportamentais? Sua disposição para a tarefa está ótima, mas a capacidade ainda não é suficiente. E o contrário? Já trabalhou com alguém que claramente domina o trabalho, mas ou não entrega com qualidade sempre ou só o faz quando é microgerenciado? A capacidade está presente, mas a disposição provavelmente não.

Destaco a seguir um ponto e peço que você nunca se esqueça dele quando for utilizar essa técnica: ao avaliar o nível de maturidade, sempre considere um resultado específico esperado do colaborador, e não a performance geral. Isso porque ele tem níveis de maturidade diferentes para cada entrega que precisa fazer. Um vendedor, por exemplo, que consegue explicar claramente as características dos produtos que vende, deixando o cliente superseguro, poderá ser considerado, nesta tarefa, com maturidade máxima. Porém, esse vendedor pode ainda não saber negociar adequadamente — para essa tarefa, então, sua maturidade ainda é baixa. Assim, se classificá-lo de forma genérica, cometerá alguns erros na gestão, pois atuará em cima de um rótulo, e não de forma situacional.

Podemos avaliar o colaborador em quatro níveis de maturidade: M1, M2, M3 e M4. Nem sempre a evolução será linear, passando por todos os níveis. Alguns colaboradores deverão ser considerados, por exemplo, um M2, mesmo quando acabaram de assumir aquela responsabilidade. Já outros deixarão de ser M2 e passarão a ser um M4, sem que passem pelo estágio M3. Os quatro níveis são, então, uma referência útil, mas não uma régua precisa, como raramente são qualquer técnica aplicada à gestão de pessoas.

Consideramos um M1 quando o colaborador tem pouquíssima competência técnica e/ou comportamental para exercer aquela tarefa. E quando isso ocorre geralmente? Quando a pessoa acaba de ser contratada, ou é promovida, ou já está naquela função há um tempo, mas assume uma atividade que é muito diferente das outras que executa. Considere que, mesmo que tenha sido recém-contratada ou promovida, pode já ter razoáveis competências para aquela tarefa e, nesse caso, deverá ser classificada como M2, 3 ou 4.

Mas além da capacidade, devemos considerar a disposição para a tarefa. Como geralmente está o ânimo de alguém que acaba de ser contratado, promovido ou que recebe um novo desafio? O mais provável é que a pessoa esteja motivada, certo? Talvez um pouco insegura. Então, se você está com uma pessoa M1 em determinada tarefa, já sabe que sua maior atenção deverá estar em ensiná-la. Certamente, essa ação trará, inclusive, mais segurança (disposição) à pessoa.

Se o profissional tem o perfil para aquela tarefa e foi bem orientado, com o passar do tempo, provavelmente ele se tornará um M2. Classificamos assim aquele que já tem boa parte das habilidades, mas ainda não o suficiente para chegar ao resultado sem que seja supervisionado. Algumas evidências ao atingir esse nível: realiza parte das tarefas ou processos necessários para se chegar ao resultado, geralmente os mais simples; consegue trabalhar com certa autonomia, desde que não haja nenhuma variação ou obstáculo mais complexo, e se houver, ele precisará de supervisão. Mesmo dominando mais a tarefa, um M2 geralmente necessita de apoio para se sentir confiante em seu avanço e se preparar para andar com as próprias pernas, pelo menos naquela entrega específica.

Lembre-se de que ainda pertencemos à cultura do medo do erro. Todos se sentirão mais seguros se houver um gestor orientando o passo a passo. Pessoas autoexigentes ou que foram muito punidas poderão ter mais dificuldades para seguir sozinhas. Logo, quando se tem um M2, o gestor é bastante exigido, pois, além de ensinar a tarefa e estimular o desenvolvimento das competências, precisará se dedicar ao aspecto socioemocional do colaborador, para que uma hora o cordão umbilical da dependência seja rompido. Já estou dando um *spoiler* de como o gestor deve atuar com cada nível de maturidade, mas o próximo capítulo esclarecerá com mais detalhes.

Digamos que o colaborador já realizou aquela tarefa quantas vezes foram necessárias para que sua "musculatura" técnica e comportamental se desenvolvesse; o aspecto da capacidade está resolvido. Nesse caso, ele poderá ser classificado como um M3 ou M4, dependendo das evidências observadas.

A classificação é M3 se observar que, mesmo dominando a tarefa, ele ainda o procura fazendo perguntas sobre como agir. Ou ainda se a qualidade da entrega não atingir o nível mínimo esperado, embora você saiba que isso não se deva à falta de competência. A não ser que haja fatores externos que impeçam o adequado desempenho, claramente aqui o problema é de disposição. Lembre-se de que esse item é composto de dois aspectos: autoconfiança e engajamento.

Algumas pessoas têm dificuldade de assumir a responsabilidade de andar com as próprias pernas. Isso não significa que são colaboradores incorrigíveis — embora alguns talvez sejam. O problema pode ser justamente o alto grau de compromisso com o resultado que têm, o que faz com que assumam zero risco de errar. Ou que estão "condicionados" por um gestor que sempre fez questão de dar a última palavra, de supervisionar aquilo que não deveria mais ser checado, que quer saber em detalhes tudo o que está acontecendo na operação ou que reage inadequadamente quando se cometem erros, mesmo sendo esperados em um processo de aprendizagem.

Esse gestor pode agir como seu antecessor, repetindo inconscientemente o script que foi traçado sócio-historicamente por centenas de anos. Ou pode ser ele mesmo, que ainda mantém, talvez sem perceber, atitudes que estimulam a não autonomia. Sei que estou tangenciando o assunto principal, mas minha prática profissional como consultor não me deixa perder a oportunidade de alertar: nos últimos anos, dei treinamentos para gestores que sabiam falar com propriedade sobre como atualmente um líder deve desenvolver sua equipe. Mas, assim que paramos de "discursar" e propus algumas atividades simuladas de liderança, o padrão "comando e controle" foi o que apareceu nas atitudes dos participantes. É com todo o carinho que digo: orai e vigiai! Mudar essa chave é um desafio enorme.

Voltando ao foco e ainda sobre o M3: a baixa performance poderá, ainda, ser consequência da falta de engajamento naquela tarefa. Isso é razoavelmente natural de ser observado após algum tempo em que se desempenha uma função, pois esta pode cair na rotina e o colaborador já não coloca nela a energia e atenção necessária.

Seja lá qual for a razão que o está impedindo de, com autonomia, entregar com qualidade, o gestor não pode, nesse momento, se dedicar a falar sobre a tarefa. Não pode explicar mais uma vez como fazê-la — o problema não está aí, e, agindo assim, o gestor só congelará a dependência. O estímulo deste com um M3 deve ser, então, socioemocional.

Se o profissional tem perfil para executar a tarefa, compreendeu a expectativa do gestor de que ande com as próprias pernas, se dedicou e foi conduzido por um processo de aprendizado com um estilo de liderança adequado a cada nível de maturidade, chegará ao M4. É alguém desenvolvido nas competências necessárias, seguro e comprometido em obter o resultado esperado com aquela tarefa.

Nessa condição, a que o gestor precisa se dedicar muito? Muito a nada! Ele precisará, para essa atividade, dar alguma atenção à tarefa e ao socioemocional do colaborador. Não é zero atenção, mas pouca. Entende o que isso significa para você e para a empresa? Só com colaboradores nesse estágio é que você terá tempo para efetivamente fazer gestão ambidestra. A operação está sendo executada sem depender tanto de você, e aí haverá agenda para também cuidar da construção do futuro. Diminuir o tempo de atuação na operação não é apenas uma decisão. Se não houver colaboradores que deem conta, com autonomia, do dia a dia, você sempre será forçado a entrar muito para garantir os resultados.

Vamos colocar em prática o conceito de nível de maturidade? Acredite, isso abrirá muitas possibilidades de você se desenvolver como líder e de agir mais estrategicamente.

O ideal é fazer o mapeamento de toda a equipe, mas se esta for grande, comece priorizando os cargos-chave. Primeiro, escolha um colaborador e liste as principais entregas que ele precisa fazer. Tente pensar mais nas entregas, nos resultados, do que nas tarefas, pois uma coisa é fazer a tarefa, a outra é chegar ao resultado desejado com ela.

Para facilitar a avaliação, utilize o formulário a seguir. Escolha apenas uma das entregas e responda, anotando em um papel.

Indicadores de nível de maturidade por tarefa

	Indicador		Nível de maturidade
1	**Formação técnica** Quais são as qualificações técnicas necessárias para o desempenho desta tarefa? Este colaborador(a) as tem?	M1	Não tem, ou tem pouquíssima.
		M2	Mais ou menos.
		M3	Tem, mas às vezes não faz da forma correta.
		M4	Tem e aplica.
2	**Competências comportamentais** Quais soft skills são necessárias para uma boa performance nesta tarefa? Você observa que ele manifesta essas habilidades?	M1	Não tem, ou tem muito pouca.
		M2	Mais ou menos.
		M3	Tem, mas às vezes não faz da forma correta.
		M4	Tem e aplica.
3	**Demonstração de autonomia** Com qual frequência ele(a) solicita sua colaboração? Ele(a) te pergunta coisas que provavelmente já deveria saber?	M1	Frequentemente.
		M2	Com razoável frequência.
		M3	Pouco frequente.
		M4	Nunca ou quase nunca.
4	**Iniciativa/tomada de decisão** Quando ele(a) se depara com um problema relacionado a esta tarefa, costuma buscar resolver antes de pedir ajuda?	M1	Busca sempre orientação como se isso fosse o esperado.
		M2	Traz o problema, mas também alternativas para validar.
		M3	Traz problemas com os quais já lidou em situações análogas.
		M4	Geralmente busca resolver sozinho.
5	**Empoderamento/persistência** Como lida com obstáculos? Quando realiza uma tarefa, mas o resultado não vem, entende que já fez a sua parte ou busca alternativas?	M1	Frequentemente acha que já fez o que era possível.
		M2	Tenta uma segunda alternativa e já acha que fez o possível.
		M3	Quando pressionado, acha alternativas.
		M4	Frequentemente demonstra não se conformar com os obstáculos, persiste ou muda de estratégia.

CONTINUA

6	**Inovação** Sugere novas maneiras de se realizar a tarefa, buscando ganhos de qualidade, custo ou tempo de execução?	M1	Não demonstra ter domínio suficiente para isso ainda.
		M2	Às vezes questiona a forma como lhe foi ensinado.
		M3	Raramente o faz, embora já esteja há tempo realizando a tarefa.
		M4	Com frequência.
7	**Qualidade da entrega** Ele vem cumprindo os objetivos desta responsabilidade? Dentro do prazo? Dentro dos padrões esperados? Ou é necessário cobrá-lo ou corrigir procedimentos?	M1	Entrega apenas quando supervisionado/orientado.
		M2	Já faz a tarefa bem feita, mas, em algumas partes, ainda não demonstra dominar ou ter as todas as competências.
		M3	Embora já saiba entregar o todo com qualidade, às vezes não faz assim.
		M4	Vem atingindo/superando os objetivos antes do prazo e com a qualidade desejada.
8	**Experiência/Destreza** Já realiza a tarefa há um tempo suficiente para dominá-la totalmente?	M1	Certamente não.
		M2	Já repetiu algumas vezes, mas não o suficiente para ganhar destreza.
		M3	Já pratica há tempo suficiente para fazer com destreza, mas ainda comete erros.
		M4	Já pratica há tempos, demonstrando destreza.

Avaliação do nível de maturidade por tarefa

NOME/ TAREFA	NÍVEL DE MATURIDADE	1	2	3	4	5	6	7	8
	M1								
	M2								
	M3								
	M4								

NOME/ TAREFA	NÍVEL DE MATURIDADE	1	2	3	4	5	6	7	8
	M1								
	M2								
	M3								
	M4								

NOME/ TAREFA	NÍVEL DE MATURIDADE	1	2	3	4	5	6	7	8
	M1								
	M2								
	M3								
	M4								

NOME/ TAREFA	NÍVEL DE MATURIDADE	1	2	3	4	5	6	7	8
	M1								
	M2								
	M3								
	M4								

NOME/ TAREFA	NÍVEL DE MATURIDADE	1	2	3	4	5	6	7	8
	M1								
	M2								
	M3								
	M4								

NOME/ TAREFA	NÍVEL DE MATURIDADE	1	2	3	4	5	6	7	8
	M1								
	M2								
	M3								
	M4								

Agora observe qual foi o nível mais recorrente. O formulário não te dará uma informação precisa, até porque o colaborador também pode estar em um momento de transição de um nível para outro, mas a resposta obtida ajudará com que você aja de forma muito mais cirúrgica.

A seguir, faça a mesma avaliação, agora considerando outra entrega do mesmo profissional. Quando fizer de todas as entregas, é possível fazer algumas análises, como estas:

Colaborador: Alessandro	Nível
Entrega 1: Conciliação das contas bancárias	M1
Entrega 2: Gestão do contas a pagar e receber	M4
Entrega 3: Geração e análise do fluxo de caixa	M3
Entrega 4: Lançamentos de dados para a geração da folha de pagamento	M4

Se você tiver um colaborador como o Alessandro, quais providências tomaria?

Perceba, por exemplo, que vale a pena insistir mais no desenvolvimento desse funcionário, pois daqui a pouco o gestor ficará mais desafogado da operação, já que esse colaborador consegue realizar a metade das atribuições com autonomia (entregas 2 e 4).

Também podemos observar que, na entrega 1, a maior atenção deve estar em ensiná-lo. Já sobre a entrega 3, não é falta de conhecimento. Você terá que descobrir se o Alessandro não se sente seguro ou se não está se dedicando como deveria, e agir sobre isso. O próximo capítulo será sobre dicas e técnicas para lidar com cada nível de maturidade.

Ao mapear toda a equipe, você terá mais possibilidades de tratar funcionalmente cada colaborador em cada uma das suas principais entregas. Agora imaginemos que você tem alguns colaboradores que têm o mesmo cargo e as mesmas entregas a fazer. Após o mapeamento do nível de maturidade, você poderá chegar à seguinte constatação:

	Alessandro	Heloísa	Maurício	Cristina
Entrega 1: Conciliação das contas bancárias	M1	M4	M1	M1
Entrega 2: Gestão do contas a pagar e receber	M4	M4	M2	M3
Entrega 3: Geração e análise do fluxo de caixa	M3	M4	M2	M3
Entrega 4: Lançamentos de dados para a geração da folha de pagamento	M4	M2	M2	M3

Analise o quadro. Se você fosse o gestor dessa equipe, quais cuidados e quais decisões poderia tomar a partir dele? Vamos a algumas reflexões possíveis.

Com uma equipe com esse nível médio de maturidade, você tem alguma dúvida de quem estará, na maior parte do tempo, tendo que se dedicar a questões operacionais? Nessas dezesseis medições vistas, O M4 aparecem apenas cinco vezes! E seis respostas são M1 e M2, os estágios mais iniciais de aprendizagem. Ou seja, provavelmente o gestor terá de apagar incêndios todos os dias. Eu me pergunto se há dias em que você planeja fazer muitas coisas, passa o dia todo correndo e, à noite, pensa: "Nossa! Não fiz quase nada do que eu havia planejado para hoje!" Se isso acontece, esse quadro simulado pode representar a sua realidade.

Maurício será o colaborador que mais deverá ocupar a agenda, dedicando-se ao desenvolvimento e a *follow-ups* mais constantes e recorrentes. Cristina exige uma atenção em relação ao fator comportamental. Note que ela tem domínio da maioria das tarefas que precisa entregar, porém nem sempre está atingindo os objetivos com autonomia. Será ela uma pessoa insegura? Ou ainda não entendeu que deve andar sozinha? Será que não está colocando energia suficiente? Ou o que a impede é alguma condição ambiental? Que bom que você tem a Heloísa! Já pensou que poderá utilizá-la como apoio no desenvolvimento dos demais colegas? Vale a pena também monitorar de perto o quanto ela está satisfeita em trabalhar na empresa, pois perdê-la o colocará em uma situação mais difícil.

A conciliação de conta bancária (entrega 1) é a função que está mais frágil. Se Heloísa se afastar ou sair, o gestor é quem terá de fazê-la. Então talvez valha priorizar uma força-tarefa de treinamento coletivo em cima dela.

O mapeamento do nível de maturidade da equipe é um instrumento que permite desenvolver uma das maiores habilidades de liderança: a de adaptar o estilo de gestão à necessidade de cada colaborador. O bom médico sabe que cada paciente tem uma genética, um funcionamento, um biotipo específico. Embora às vezes os sintomas pareçam ser os mesmos, um bom olhar clínico, um bom diagnóstico, pode fazer com que o médico acerte o tratamento para cada um. Como diz Edgar H. Schein: "O gerente bem-sucedido deve ser um bom diagnosticador e saber valorizar o espírito de observação" (2004).

Vamos agora aprender sobre os melhores remédios disponíveis para cada caso? Te espero no próximo capítulo!

CAPÍTULO 17

DELEGANDO CORRETAMENTE E ACELERANDO A CURVA DE APRENDIZAGEM (PARTE 1)

O CONCEITO 70/20/10: PLANEJANDO E DELEGANDO

COMO VOCÊ viu no capítulo anterior, para que possa agir adequadamente com cada colaborador, visando estimular o desenvolvimento de seu pleno potencial, o primeiro passo é identificar o nível de maturidade. Mas e depois? Neste capítulo, explicarei posturas e técnicas que você poderá adotar para criar as melhores condições e, assim, acelerar o desenvolvimento dos conhecimentos e das habilidades da equipe.

Antes, um parêntese... **Quem é o maior responsável pelo desenvolvimento do colaborador?**

Pensando em como foram criados sócio-historicamente os papéis do gestor e do colaborador, muito provavelmente você respondeu à pergunta acima como sendo o gestor o maior responsável. Isso é um erro esperado, mas perigosíssimo. Por favor, se lá no fundo você acredita nisso, precisa rever seus conceitos! **O maior responsável pelo desenvolvimento do colaborador é ele mesmo.** O gestor tem um papel importante, uma responsabilidade nisso, mas jamais a sua parcela de responsabilidade deverá ser maior do que a do próprio colaborador.

Se isso ocorrer, de alguma forma, a equipe captará esse pensamento e tenderá a "delegar" o desenvolvimento a você. Considerar o gestor como o maior responsável é uma incoerência com a necessidade do mundo atual: a de que todos precisam ser protagonistas da própria vida! Se você acreditar que o gestor é o maior responsável, mais uma vez está falando que o poder está apenas no topo (hierarquia).

De certa forma, um colaborador é um fornecedor da empresa, concorda? Quando contrata um fornecedor externo, você o contrata para desenvolvê-lo ou espera que ele já esteja pronto? É da responsabilidade de cada um buscar atender à expectativa que a empresa tem, desde que, obviamente, esta seja realista e que o processo seletivo tenha sido responsável a ponto de escolher uma pessoa que tenha o perfil adequado à função.

Você poderá achar que estou defendendo a ideia de "trocar de fornecedor" caso seu colaborador não esteja ainda apto para o desempenho esperado. Não é isso. É necessário estimular o desenvolvimento da equipe por várias razões, e a mais básica é que você nunca encontrará no mercado pessoas 100% prontas. Trazer novos profissionais sempre será algo acompanhado da possibilidade de surpresas e da falta de adaptação deles ao negócio. Então, se você tem colaboradores que demostram atitudes coerentes com os valores da empresa, maturidade, engajamento e um perfil adequado à função, vale a pena investir.

Repita comigo três vezes: "O maior responsável pelo desenvolvimento do colaborador é ele mesmo". Fecha parênteses!

CONCEITO 70/20/10 DE APRENDIZAGEM

Um conceito importante sobre desenvolvimento de competências é o chamado 70/20/10. Diversos estudos realizados há algumas décadas foram convencionando esta proporção: aproximadamente 70% de uma competência específica foi desenvolvida quando a pessoa a exercitou na prática, ou o chamado aprendizado *on the job*.

Cá entre nós, não seriam necessários estudos para mostrar isso. Basta pensar em algo que você faz bem-feito: uma comida específica, um artesanato, um esporte, um instrumento musical ou mesmo algo do seu trabalho. Por que ficou tão bom nisso? Foi mais estudando sobre aquilo ou fazendo? Confúcio dizia algo assim: "Aquilo que ouço eu me esqueço, aquilo que vejo eu me lembro e aquilo que faço eu aprendo".

Considere também que cerca de 20% de uma boa performance deve ser atribuída à observação e a conversas com pessoas que eram muito boas naquilo. Assim, se você sabe fazer uma comida muito gostosa, provavelmente teve a oportunidade de observar outra cozinheira agindo ou mesmo ouvir desta alguns conselhos. A modelação tem um papel importante no aprendizado.

E, para fechar os 10% do modelo 70/20/10: estima-se que 10% de uma competência vem da contribuição do estudo mais formal. Você deve concordar que também não seriam necessárias pesquisas para sabermos que ninguém aprende a nadar no livro *Como Nadar* e ninguém se torna um bom cozinheiro apenas assistindo a programas culinários na TV.

Mas não subestime esses 10% da educação: boa parte do "jeito certo de fazer" vem daí. É impossível se tornar excelente em algo sem repetição; por outro lado, somente a repetição não garantirá que você aprenderá a fazer bem-feito. Posso passar uma vida toda cozinhando e não saber dicas e técnicas que fazem toda a diferença. Então, leituras, treinamentos e afins são muito importantes.

O conceito 70/20/10 ajuda em diversos momentos na gestão da equipe. A primeira aplicação é a constatação de que a melhor maneira de estimular o colaborador a se desenvolver é realizando o próprio trabalho. Isso significa que, quando você atribui um objetivo ou delega uma função, pode não apenas fazê-lo para que o trabalho seja feito, mas também com o intuito de criar um ambiente de aprendizagem.

Assim como já fiz em outras partes deste livro, embasarei aqui minhas orientações sob a ótica de uma teoria clássica, que é a liderança situacional, mas buscarei reinterpretá-la a partir de minha própria prática como gestor e de outras técnicas úteis. Desenvolvendo certas habilidades, você conseguirá agir conforme a situação pede, para ajudar o colaborador a executar e aprender uma tarefa.

OS SETE PASSOS DO PLANEJAMENTO DA DELEGAÇÃO VISANDO À BOA EXECUÇÃO E AO DESENVOLVIMENTO DA EQUIPE

Você está prestes a ter uma conversa com um colaborador sobre um novo desafio que ele assumirá. Quais aspectos você analisa e como age ao delegar? Você assume uma postura diferente e toma cuidados específicos conforme o perfil do colaborador e a natureza da tarefa? Caso sua resposta seja não, é bem provável que você já tenha se frustrado algumas vezes ao ver que o resultado apresentado não era o que você desejava. Isso é muito ruim, porque geralmente gera retrabalho, frustra os envolvidos e, pior, pode reforçar a crença de que só há trabalho de qualidade quando você mesmo o realiza ou supervisiona muito de perto.

Pois acredite: com alguns cuidados, aumentarão muito as chances de sucesso. E antes que você pense "mas fazer tudo isso dará muito trabalho, não tenho tempo", pergunto: por que nunca temos tempo para fazer direito, mas sempre temos tempo para fazer de novo? O tempo do

DELEGANDO CORRETAMENTE E ACELERANDO A CURVA DE APRENDIZAGEM (PARTE I) 115

retrabalho é maior e mais desgastante do que o tempo do planejamento. A seguir, compartilho um roteiro de perguntas a serem feitas. A dica para aprender melhor é ter em mente alguma atividade que realmente deseja delegar. Vá lendo e anotando as respostas.

1. Qual é a tarefa e qual é o resultado esperado?

Posso estar enganado, mas arrisco dizer que aqui haverá um grande aprendizado para você. Quando simulo situações de delegação em meus treinamentos de liderança, quase 100% dos gestores fazem a delegação da tarefa, mas não deixam claro o que o colaborador precisa conseguir ao executá-la. Se você pede a um assistente "Chame um motoboy e peça para ele entregar este envelope no endereço anotado", está atribuindo uma tarefa ou uma responsabilidade? Observe: você está falando do *como*.

Agora, se você diz ao assistente "Este envelope tem o contrato da maior venda que fizemos neste mês e preciso que você garanta que chegue às mãos do fulano ainda hoje", está deixando clara uma responsabilidade. No primeiro exemplo, caso o envelope não chegue, o assistente poderá dizer: "Fiz o que você falou, entreguei ao motoboy." Mas se você usou a segunda fala, o assistente se sentirá mais responsável pelo não resultado daquilo de que foi incumbido.

Mais um exemplo: imagine que o departamento é responsável por fazer um *follow-up* de pós-venda. O colaborador precisa ligar para os clientes após a venda e medir o nível de satisfação deles. Outro objetivo é o de aproveitar a conversa para, sutilmente, estimular novas compras. Para isso, imagine que há um script sugerido que o ajuda a encaminhar a conversa. Fazer o contato e seguir o script é apenas a tarefa. O objetivo final é avaliar o nível de satisfação e estimular que o cliente compre mais. Essa diferença precisa estar clara para responder às próximas questões.

2. Qual é o nível de complexidade para executar a tarefa e atingir o resultado esperado?

Você poderá classificar em baixa, média ou alta complexidade. Não considere a complexidade de se fazer a tarefa, e sim a de CONSEGUIR O RESULTADO DESEJADO com ela, como exemplifiquei no item 1: a tarefa de ligar para os clientes e seguir o script da conversa não parece ser algo tão difícil, mas conseguir elegantemente influenciar o cliente a comprar mais é algo de maior complexidade.

Considere também que a avaliação em relação à complexidade pode estar comprometida se você já realiza aquela tarefa há muito tempo, pois, assim, pode achá-la fácil. Pense em todos os conhecimentos e habilidades de que uma pessoa precisa para chegar ao resultado esperado. Se ainda tiver dúvida, busque ouvir a opinião de outras pessoas que fazem ou fizeram o mesmo.

3. Qual é o nível de impacto caso essa tarefa não seja executada corretamente?

Como no item anterior, você também precisará classificar a tarefa em baixo, médio e alto. Se ela não for bem feita, o que acontece? Será apenas refazer? Então o impacto é pequeno. Se isso gerar algum transtorno um pouco maior, é médio. Perderão um cliente? Macularão a imagem da empresa ou da área? Alguém correrá risco? Se a resposta for sim, o impacto é grande.

Considere que nem sempre uma atividade de baixa complexidade é também de baixo impacto. Por exemplo: um assistente de enfermagem medicar os pacientes de um hospital conforme o prontuário médico parece ser uma atividade de baixa complexidade, porém de altíssimo impacto caso não seja executada corretamente.

4. É melhor delegar a tarefa completa ou partes dela?

Dependendo dos níveis de complexidade e de impacto avaliados, você poderá decidir delegar toda a tarefa ou partes dela. A ideia desta última opção é fazer com que o colaborador cuide apenas de parte do desafio e, quando já estiver bom nisso, assuma o restante.

Um exemplo: uma pessoa da equipe é responsável por montar um relatório e apresentá-lo em uma reunião mensal analisando os dados. Você deseja preparar mais um colaborador para fazer isso e poderá pedir para que este aprenda a fazer primeiro o relatório, sem que assuma a responsabilidade também sobre a análise durante a reunião mensal. Quando ele mostrar que já está dominando a confecção do documento, você poderá incumbi-lo do processo completo. Essa é uma maneira de reduzir riscos, dimensionar o desafio e gerar autoconfiança no colaborador em desenvolvimento.

5. Colaborador e nível de maturidade deste para a tarefa

Avalie se ele é um M1, M2, M3 ou M4, conforme as orientações e o formulário que apresentei no capítulo anterior. Isso definirá como será o acompanhamento durante o processo de aprendizagem. Organize como será o treinamento, a frequência dos *follow-ups*, se a energia nas conversas será dedicada mais a como executar ou em relação ao aspecto emocional do colaborador.

6. Prazo para a entrega do resultado

Aqui quero chamar a atenção para, provavelmente, um jeito diferente de pensar no prazo. Como mencionei no item 1 deste roteiro, quando você delegar, precisa deixar claro qual o resultado que espera. Considerando a complexidade da tarefa e o nível de maturidade, defina um prazo realista para que o colaborador consiga se desenvolver e, finalmente, entregar o resultado esperado.

Por exemplo: imagine que você gerencia a área de comunicação interna e é responsável pela publicação de um jornal mensal destinado aos colaboradores. Vocês definiram que a matéria que abre as edições tem como objetivo gerar orgulho nos colaboradores. Você decidiu que uma jornalista da equipe começará a redigir esse texto mensalmente. Até hoje, ela só escreveu textos informativos, sem a necessidade de tocar no emocional das pessoas. Você sabe fazer isso e pode ensiná-la. Se você for gestor dessa área, é provável que saberá estimar um prazo médio para ela dominar essa habilidade e poder escrever com 100% de autonomia.

Diferente do que habitualmente os gestores fazem, o correto não é definir apenas até quando a pessoa executará a tarefa, mas quanto tempo ela tem para aprender a atingir o resultado esperado com as próprias pernas.

7. Conhecimentos e habilidades

Por fim, pense em quais serão os aprendizados que o profissional precisará ter para performar como o esperado e com total autonomia, ou seja, sem que necessite de orientação ou supervisão. Após definir os possíveis conhecimentos, técnicas e/ou habilidades, descreva um Plano de Desenvolvimento Individual, considerando o modelo 70/20/10: aproximadamente 10% de energia deverá ser investida em leituras, cursos, treinamentos; 20%, em conversas e observações de quem já realiza aquela atividade com destreza; por fim, a maior dedicação de aprendizado deverá ser no fazer — como você pode dar a oportunidade para que a pessoa possa, aos poucos, ser exposta ao desafio e, assim, desenvolver a "musculatura" necessária.

OS SETE PASSOS DA CONVERSA SOBRE DELEGAÇÃO

Planejamento feito, chegou a hora da conversa na qual você pedirá para alguém da equipe iniciar uma nova atividade. Já falamos, no Capítulo 15, sobre uma excelente técnica para isso: a comunicação significativa e os seus cinco passos. Compartilho a seguir algumas dicas sobre cada um desses passos e acrescento mais dois.

1. Dê um bom porquê

Comece a conversa falando sobre a importância daquele resultado. Retomando alguns exemplos deste capítulo para ser mais claro:

- Você chama o **assistente** e lhe diz: "Ontem comemoramos a maior venda do mês, mas ela só estará concretizada se este contrato assinado chegar hoje nas mãos do fulano, que é da área de compras do nosso cliente. Eu confio em você para garantir isso."

- Com o **colaborador do pós-vendas**: "Não sei se você sabe, mas as vendas que conseguimos fazer durante o contato de pós-venda representam 14% do nosso faturamento. Sem esta fatia, provavelmente não conseguiríamos bater a meta! Então, efetivar novas vendas nessa etapa é muito importante para o departamento. Tenho certeza de que posso confiar essa missão a você."

- E com a **jornalista**: "Todos os meses recebemos feedbacks de colaboradores dizendo que, ao lerem nossa matéria de abertura, se sentem orgulhosos de pertencerem à empresa. Isso tem contribuído para um maior engajamento, o que impacta a retenção e a produtividade. Você é competente, sensível e acho que fará um lindo trabalho assumindo essa tarefa."

Caro leitor, que efeito você imagina que esse tipo de fala introdutória gera? Agora pense em começar não fazendo isso: você chega em um colaborador que provavelmente está sem tempo para dar conta de tudo o que já faz e diz para ele: "A partir de agora, quero que você faça também determinada tarefa!" Dar um bom porquê pode ser a diferença entre o colaborador achar que está recebendo mais uma cruz para carregar ou sendo privilegiado com a nova missão. Como disse Viktor Frankl (1991): "Quem tem um bom 'porquê' enfrenta qualquer 'como'."

O principal indicador de que você é líder é a capacidade de tocar as pessoas, de fazer com que elas queiram lutar pelo que precisa ser feito. Fazem porque enxergam um propósito que lhes faz sentido. Mas entenda: se você utilizar essa etapa apenas como estratégia, como técnica, ela tende a não funcionar. Então, primeiro sinta o valor que está por trás de todas as atividades. Sua mensagem precisará sair do coração para ter impacto.

2. O quê

Se você entendeu o item 1 dos Sete Passos do Planejamento da Delegação, é hora de explicitar a expectativa de resultado ao colaborador. Deixe claro que não quer apenas que ele faça a tarefa, mas que aprenda a sempre atingir o objetivo ao fazê-la. Sugiro que você garanta a comunicação nesse momento, solicitando que ele repita o que entendeu sobre a expectativa de resultado. As pessoas estão tão acostumadas a receber apenas uma tarefa, que poderão ter dificuldade de se concentrar no alvo esperado.

Também aqui sugiro que deixe claro que a pessoa poderá contar com ajuda — sua ou de outra pessoa, se for o caso — enquanto aprende, mas que a expectativa é de que ela consiga, em um prazo combinado, atingir o objetivo sempre e sem depender mais de ninguém. Será mais fácil se você fez o que sugeri quando falamos sobre a nova expectativa em relação ao colaborador. Você contratou autonomia com ele, como recomendado?

3. Regras, procedimentos, limites e parâmetros

Deixe claro (ou relembre) caso a tarefa a ser executada tenha algum procedimento, regra ou parâmetro a ser respeitado. Algumas atividades precisam seguir normas de segurança, por exemplo. Outras têm os órgãos reguladores que determinam as normas (conselhos profissionais, agências governamentais etc.).

Aqui não se trata de dizer *como* fazer, e sim de qual é o escopo de autonomia a ser respeitado. Se estou pedindo para que alguém organize a festa de final de ano, posso estabelecer que não serviremos bebida alcoólica, que a festa será restrita apenas aos colaboradores e um acompanhante, e que o orçamento máximo é de x, por exemplo.

4. Prazos

É sempre bom começar determinando até quando se espera que a pessoa esteja performando com autonomia na nova tarefa. Contrate isso e diga que anotará em sua agenda para observar se a pessoa conseguiu. Ela precisa entender que terá apoio para desempenhar sua nova atribuição, mas não para sempre.

Você pode combinar prazos intermediários, para "metas intermediárias" se julgar que isso poderá ajudar. Se for o caso, combine prazos de *follow-ups*, ou seja, de quando em quando, você verificará como a pessoa está indo. A periodicidade dos *follow-ups* dependerá do nível de maturidade e dos níveis de complexidade e impacto da tarefa (itens 2, 3 e 5 dos Sete Passos do Planejamento da Delegação).

DELEGANDO CORRETAMENTE E ACELERANDO A CURVA DE APRENDIZAGEM (PARTE I)

Uma observação importante: lembre-se de que boa parte desses conceitos vem da Teoria da Liderança Situacional? Pois então, as situações mudam! Ser situacional é ter a sensibilidade para observar isso e se adaptar rapidamente. Você pode começar a acompanhar um M1 bem de perto e perceber, a cada *follow-up*, que a tarefa está indo melhor do que o esperado. Talvez tenha avaliado mal o nível de maturidade ou a complexidade da tarefa, ou o colaborador está tendo uma superdedicação. Não importa a razão, recontrate aumentando o intervalo dos acompanhamentos.

E o contrário? E se a cada *follow-up* você percebe que a tarefa não evoluiu como deveria? Tente ver o que está acontecendo, mostre a preocupação e a confiança em que a pessoa reverta esse cenário e avalie se é o caso de recontratar *follow-ups* mais constantes.

5. Como

Aqui faz muito sentido o que já expliquei no Capítulo 15 sobre comunicação significativa: você só deve dizer o *como* se o colaborador for um M1 ou M2 para a nova tarefa. Dependendo da complexidade e do impacto, o *como* será explicado em um processo mais longo de treinamento.

Acho uma ótima ideia você explicar aos colaboradores sobre os níveis de maturidade. Será uma excelente oportunidade para deixar claro que deseja que todos se empenhem para chegar no M4 em todas as atribuições. Caso a equipe já conheça a classificação, nesse momento da delegação, você pode dizer como fez a avaliação e perguntar se concordam. O profissional pode trazer dados que não foram considerados, e, assim, vocês reformulam a avaliação. Nos casos em que a pessoa se comportar de modo pior do que o esperado em seu nível de maturidade, será também mais fácil dar o feedback e realinhar expectativas.

Ainda sobre a conversa da delegação, além da comunicação significativa:

6. Combinem sobre o treinamento

Converse sobre as competências que você mapeou lá no item 7 dos Sete Passos do Planejamento da Delegação. Verifique se o colaborador concorda e peça para ele dizer o que se compromete a fazer para se desenvolver. Sei que pedi lá atrás para você escrever um plano, mas o ideal é deixar essa parte com o colaborador. Não é ele o maior responsável por seu desenvolvimento? Então não vá fazer o trabalho dele, pois isso passaria uma mensagem errada sobre responsabilidade. Analise o plano do colaborador e, se achar que não está consistente o suficiente, estimule-o a pensar mais.

7. Alguém precisa ser comunicado?

Por fim, verifique se mais alguém precisa saber que esse colaborador está sendo encarregado da nova tarefa. Isso é particularmente importante quando ela depende ou impacta alguma outra, feita pelos demais, ou envolve fornecedores externos. Uma boa comunicação pode prevenir também os ciúmes e angariar o apoio de todos para o sucesso.

CAPÍTULO 18

DELEGANDO CORRETAMENTE E ACELERANDO A CURVA DE APRENDIZAGEM (PARTE 2)

GERENCIANDO CADA NÍVEL DE MATURIDADE;
A TÉCNICA I DO/WE DO/YOU DO
E PERGUNTAS EMPODERADORAS

ESTOU PARTINDO do princípio de que você já colocou em prática tudo o que sugeri aqui no livro e compreendeu muito bem cada nível de maturidade que expliquei no Capítulo 16, **Nível de Maturidade da Equipe**.

Daqui para a frente, explicarei técnicas e posturas muito eficazes para levar seu colaborador ao nível máximo de maturidade em cada tarefa. Essas ferramentas parecem ser mais adequadas conforme cada nível, mas não considere isso uma regra. Como já informei, esses esquemas de classificação nos ajudam, mas não dão conta da complexidade do ser humano. Então não seja tão inflexível em suas classificações. Busque ser mais situacional, sensível ao que o momento está pedindo. Perceba as dificuldades do colaborador e utilize a ferramenta mais adequada para aquele momento.

COM UM M1: I DO/WE DO/YOU DO

Você precisa ensinar a parte técnica para a realização da tarefa, precisa passar seus conhecimentos, além de fazer a pessoa praticar por ela mesma. Uma técnica parece ser muito adequada especialmente neste momento. Conhecida como *I do/We do/You do* (Eu faço/Nós fazemos/Você faz), seu nome é autoexplicativo. Esclareça para o colaborador que você o ensinará em três etapas. Na primeira, você realizará a atividade e ele observará; na segunda etapa, vocês a farão juntos; e na terceira, ele fará sozinho. Cada etapa ocorrerá quantas vezes forem necessárias, dependendo da complexidade de cada tarefa e do resultado necessário. Vamos a alguns detalhes.

I do (Eu faço): Peça para o colaborador prestar muita atenção enquanto você faz a tarefa e, se possível, anotar tudo, tanto as coisas que você faz quanto o que chama a atenção dele, dúvidas etc. Relembre-o de que ele tem a missão de obter o mesmo resultado daqui a algum tempo, logo, peça seu empenho para que seu aprendizado seja acelerado.

Dependendo da tarefa, você poderá executá-la e explicá-la ao mesmo. É o ideal. Se você está o ensinando a operar uma máquina ou fazer um relatório, faça devagar e vá falando em voz alta o porquê de você estar fazendo cada coisa. Lembre-se de que o que pode ser absolutamente óbvio para você pode passar totalmente batido para um M1. Se existirem macetes, pulos do gato, dicas, é fundamental você destacá-los. Se a tarefa é

DELEGANDO CORRETAMENTE E ACELERANDO A CURVA DE APRENDIZAGEM (PARTE 2)

longa e/ou muito complexa, sugiro que a faça por inteira algumas vezes e, depois, ensine-a por etapas, senão o colaborador pode ficar muito ansioso por ter de aprender tudo de uma só vez. Pela mesma razão, às vezes vale a pena explicar de forma mais simples e deixar os pulos do gato para serem ensinados só mais adiante.

A partir de algumas vezes, vale a pena você ir fazendo e perguntando ao colaborador "E agora, qual seria o próximo passo?" ou "Lembra-se por que eu fiz isso?" Seja paciente e acalme seu aprendiz; sua maior dedicação com um M1 deve ser no momento da tarefa, mas você também precisa dar alguma atenção ao emocional dele.

Imagina agora que você precisará ensinar uma pessoa a vender um serviço de sua empresa. Não dá para você, na presença do cliente, ficar explicando o que está fazendo, certo? Em casos assim, você poderá apresentar seu colaborador ao cliente e dizer que ele está em treinamento e, por isso, só observará a conversa.

Depois que estiver a sós com o colaborador (no menor intervalo de tempo possível), peça para ele te dizer tudo o que observou, o que você fez e tentar adivinhar o porquê de você seguir cada etapa. Possivelmente ele sequer perceberá algumas estratégias utilizadas: um quebra-gelo, uma fase de escuta ativa, uma adaptação dos argumentos conforme as necessidades do cliente, como identificou e lidou com as objeções etc. Será necessário repassar cada momento, cada técnica, de forma que o *know--how* que está na sua cabeça seja, aos poucos, transferido.

Compreenda que o colaborador precisa entender os porquês, mas entendê-los não quer dizer que ele já tenha as habilidades para colocar as técnicas em uso. Por exemplo, se sou um M1, posso entender a importância de um quebra-gelo no início de uma reunião, saber tecnicamente como se faz isso e, na hora, pela minha inexperiência, fazer a coisa de forma bem ruim ou artificial!

O ideal é que você execute a tarefa quantas vezes forem necessárias para que seu colaborador entenda a lógica e/ou sequência. Por isso, é importante ir checando com ele. Considere também as variações que podem ocorrer na tarefa: talvez a venda do produto siga caminhos muito diferentes conforme o perfil do cliente, por exemplo. Nesse caso, execute a fase *"I do"* com representantes distintos.

We do (Nós fazemos): Lembra-se do conceito 70/20/10? Então, é importante que o colaborador comece a executar a tarefa. Para dar mais segurança a ele e facilitar, nesta fase vocês deverão fazer o trabalho juntos. Uma estratégia possível é ele começar pelas partes mais fáceis e você ainda realizar as mais difíceis. Na conversa com um cliente, por exemplo, podem combinar de ele fazer a abertura, o quebra-gelo ou a apresentação do produto, e o gestor entrar quando aparecem as objeções.

À medida que o colaborador demonstra mais domínio, passa a assumir também as partes mais complexas. Isso ajuda muito na autoconfiança, ou seja, embora ele seja um M1, você já está investindo no aspecto emocional, para que ele caminhe em direção à autonomia.

You do (Você faz): Não é hora de o colaborador fazer o trabalho sem a sua presença. Na fase *You do*, ele faz, mas você ainda está junto. Após ele realizar toda a tarefa, será um momento importante para duas coisas: você ser generoso em reconhecer o que ele está fazendo bem-feito e aproveitar para corrigir ou lapidar os pontos que necessitarem disso.

Observe que, provavelmente, nessa altura do campeonato, o colaborador já está migrando de um M1 para um M2, e sendo assim, é o momento de redobrar a atenção ao lado emocional dele, não apenas ficar falando sobre a tarefa. Então, seja apreciativo e generoso, pois um de seus maiores objetivos agora é fazê-lo ter autoconfiança e cuidar do processo assumido de forma autônoma.

COM UM M2: RECONHEÇA OS PEQUENOS AVANÇOS

Mesmo que nesta fase o colaborador ainda precise de apoio para realizar a tarefa, a atenção do gestor não pode estar apenas sobre isso. Há de se dar a mesma atenção também aos aspectos mais relacionados à parte emocional. E por que isso? Porque ele está no momento de "desgarrar", de pular do ninho e voar sozinho, pelo menos nessa tarefa. Então, a principal estratégia é aplicar o que já recomendei anteriormente quando falei da etapa *You do*. Você precisa reconhecer o avanço e manifestar o que sente, procurando gerar um impacto emocional positivo no colaborador.

Talvez caiba aqui uma reflexão importante sobre você: o quanto você consegue sentir reconhecimento? Pergunto isso porque, caso não sinta, dificilmente reconhecerá de forma convincente. Muitas pessoas têm muita dificuldade nisso, provavelmente porque foram pouco reconhecidas desde crianças. Isso gera uma escassez bem complicada, especialmente para quem pretende ser um líder. Lembra-se do que você leu sobre **as bases do poder**? A capacidade de reconhecer é um potente aliado do gestor, mas precisa ser algo autêntico. Se você não sente reconhecimento com facilidade, tenderá a ser um gestor que mais aponta o que não está bom. E isso gera insegurança e baixa autoestima nos colaboradores, sentimentos que apenas inibem a autonomia.

E tem mais: especialmente quando você está estimulando o amadurecimento de um colaborador, é necessário aprender a reconhecer os pequenos avanços que este faz, não apenas o resultado. Talvez você me julgue simplista no que direi, mas compararei esta etapa ao que acontece quando se deseja ensinar um cachorro ou qualquer outro animal a desenvolver um novo comportamento: não se pode reforçar o comportamento apenas quando o bichinho já está fazendo o que você deseja. Qualquer adestrador sabe que para ensinar um cão a dar a pata, por exemplo, é necessário oferecer um biscoito canino a qualquer comportamento parecido que o cão demonstre. Aos poucos, ele vai entendendo que quando age de determinada forma, isso é recompensador, e aí a tendência é ir cada vez manifestando mais aquele comportamento.

Claro que o ser humano é um *bicho* mais complexo, mais essa "lei" é aplicável para nós também. Se seu liderado está fazendo razoavelmente bem um relatório, mostre o quanto você admira sua evolução, destaque aquilo em que ele já está mandando superbem. E demonstre acreditar que em breve ele dominará até as partes mais difíceis. Isso vai aumentando a autoconfiança e o comprometimento dele em não te decepcionar.

Relembre que estou fazendo uma divisão didática das técnicas mais adequadas para cada nível de maturidade, mas você perceberá que todas elas poderão ser utilizadas em todas as etapas. Assim, o *I do, We do* e *You do* também continua sendo aplicável com um M2, e a técnica das perguntas empoderadoras, que ensinarei quando tratar do M3, também são adequadas aqui.

COM UM M3: FEEDBACK E PERGUNTAS EMPODERADORAS

Você já sabe que a classificação dos quatro níveis de maturidade não representa uma linearidade absoluta no desenvolvimento. Um colaborador pode deixar de ser um M2 e passar a se comportar como um M4. Bem como um M4 poderá, em determinado momento, agir como um M3.

No M3, a performance plena ainda não atingida não está relacionada à falta de conhecimento ou de competências. Geralmente, duas causas são mais comuns: a insegurança ou a falta de empenho. Seguem algumas sugestões do que fazer aqui:

Feedback

É indispensável que o colaborador compreenda claramente que ele não está conseguindo atingir o resultado esperado ou que até o faz, mas para isso o gestor ainda precisa atuar, quer seja orientando, quer seja estimulando ou cobrando. E que isso não é algo aceitável, uma vez que a expectativa em relação à autonomia foi esclarecida desde o início. Dedicarei um capítulo do livro exclusivamente para falar de **feedback**. Lá, ensinarei uma técnica que aumenta muito as chances de essa conversa ser produtiva. Então, aqui, só destaco que você precisa ser direto e respeitoso.

No final do feedback, pergunte se poderá contar com o compromisso do colaborador para que se torne um M4 e, depois, peça para ele descrever o que fará para atingir este objetivo.

Perguntas empoderadoras

Outra técnica muito útil para estimular o desenvolvimento do colaborador vem da prática do *coaching*. Por falta de neutralidade e pelo cruzamento de papéis, um gestor nunca fará um processo clássico de coaching com seus colaboradores, no sentido profissional da palavra. Mas poderá, sim, utilizar algumas técnicas advindas desse processo. É o que chamamos de líder *coach*.

A pergunta empoderadora tem esse nome porque visa manter o poder com quem deve resolver o problema, ou seja, fazer o colaborador se sentir potente diante do obstáculo. Lembra-se de que lócus de controle externo é quando a pessoa acredita que o poder está no ambiente? Suponhamos que um colaborador se sente inseguro e procura o gestor para resolver um problema. Se o colaborador é um M1, o que o gestor deverá fazer? Dar a resposta. Mas e se o colaborador é um M3, ou talvez um M2, e faz a pergunta por insegurança? O que ocorre se o gestor dá a resposta? Ele está reforçando a crença de que o poder está nele, e não no liderado, e isso não estimula o lócus interno.

E faço um alerta: é muitíssimo difícil para a maioria dos gestores não dar a resposta nessas situações! Isso ocorre porque, no inconsciente do gestor, dar a resposta é seu papel (construção sócio-histórica). Eu precisei de muito autocontrole para conseguir não "despejar" uma resposta pronta assim que um colaborador me questionava. Escorreguei várias vezes e nem me dava conta, de tão automático que era. Orai e vigiai! Rs.

A lógica da pergunta empoderadora é muito simples: devolver a pergunta ao colaborador, de modo que ele seja estimulado a pensar na solução. Ou, ainda, fazê-lo construir um raciocínio que o faça focar a solução, não o problema. Então, você poderá simplesmente dizer: "Na sua opinião, qual é a resposta para sua pergunta?"

Considere que o colaborador pode ficar emocionalmente afetado com seu questionamento e dizer que não sabe responder; ele nem tenta, com medo de errar. Seja paciente, diga para ele não se preocupar em dar a resposta correta, que é apenas para falar o que lhe passa pela cabeça. Se a resposta fizer algum sentido, elogie dizendo que ele está no caminho correto.

Daí você pode fazer algumas perguntas para ele ampliar o que falou, como: "Que outras opções você tem?" Pode perguntar coisas como: "Pelos valores da nossa empresa, como agimos em relação a isso?" Ou ainda: "Lembra-se de alguma situação similar que você viveu ou acompanhou? Como foi resolvida?" Cuidado para não acabar dando a resposta em forma de pergunta. "E se você fizesse xyz?" não é uma pergunta empoderadora, mas só um jeito mascarado de dar a resposta pronta.

PRÁTICAS DA LIDERANÇA CONTEMPORÂNEA

Você pode adotar também perguntas do tipo: "Se você não conseguisse falar comigo, como resolveria isso? E se eu estivesse de férias, ou dentro de um avião, incomunicável?" Muito importante que você utilize a resposta do colaborador para mostrar o quanto ele consegue andar com as próprias pernas, fazê-lo se sentir confiante e recontratar a expectativa de que ele se comporte como um M4.

Um alerta: o que você acha que ocorrerá se, do nada, começar a fazer perguntas empoderadoras à sua equipe? Recomendo fortemente que, antes de começar, reúna seu time e explique por que fará isso. Mostre os ganhos que eles mesmos terão.

E, sim, é uma boa estratégia já combinar que eles, antes de lhe trazerem um problema, pensem em soluções, pois você irá questioná-los. Com o passar do tempo, a tendência é a de que não o procurem mais com situações mais operacionais.

Comunicação significativa

Você poderá notar que seu colaborador não está inseguro; ele simplesmente não faz aquilo que precisa ou não com a qualidade esperada por falta de empenho. Às vezes, um feedback resolve a situação; ou, após essa tentativa, a aplicação de alguma consequência diferente, conforme eu expliquei no capítulo Bases de Poder.

Mas às vezes o que ocorre é que o colaborador não está totalmente comprometido porque aquela atividade não tem muito significado para ele. Nesse caso, falar novamente sobre ela, dando ênfase à importância, ao impacto dela para ele, para sua área e para a empresa, pode ser o gatilho de uma nova atitude. Essa técnica foi cuidadosamente explicada no Capítulo 15 sobre comunicação significativa.

Lembre-se de reconhecer fortemente quando observar mudanças do colaborador e de reafirmar o tempo e a expectativa de tê-lo como um M4.

COM UM M4

Antes de mais nada: comemore! Sinta-se orgulhoso, perceba que você está fazendo a diferença na vida das pessoas, ajudando-as a ser melhores profissionais, a aumentar suas empregabilidades. Você está formando novos líderes, sucessores, aquilo de que a empresa precisa muito, tornando a empresa mais "antifrágil". Lembra-se desse conceito? Você está um passo mais próximo de ter tempo para fazer uma gestão ambidestra. Parabéns!

Naquilo que seu colaborador é um M4, você precisará dedicar-se pouco à tarefa e ao emocional dele. Pouco, não zero. Zero seria virar as costas e nunca mais olhar como ele está se saindo naquela atividade. Isso não é ser situacional. Isso não é delegar, é "delargar".

O ideal é que você tenha sempre indicadores confiáveis para acompanhar como está sendo a performance daquele colaborador naquela tarefa. Os *follow-ups* não precisam acontecer em intervalos muito pequenos, mas mantenha uma frequência constante. Algum indicador não foi legal? Calma, mas atenção. Apareceu novamente uma "fumaça" indicativa de que algo não andou como devia? Vá checar se há fogo.

Importante também que você tenha uma agenda periódica para ter contato com seu colaborador; seja próximo. Às vezes, gestores "esquecem" dos colaboradores que performam com autonomia. Esses parecem estar sendo punidos por serem bons. Não dá para cometer esse erro, certo?

Quando falar com um M4, manifeste sua admiração pelo trabalho bem-feito e reforce sua expectativa de que isso seja sempre mantido. Muito oportuno também conversar sobre tarefas em que ele ainda não é um M4 e estimulá-lo a pensar como agirão para que isso ocorra. Outra ideia é discutirem novas delegações, visando prepará-lo para um próximo desafio de carreira, se isso for uma expectativa dele. Entre essas novas atribuições, uma opção é ter esse colaborador como seu aliado para levar outros a também serem M4 naquela atividade.

CAPÍTULO 19
GESTÃO DO DESEMPENHO
PAPÉIS, VIESES E COMO TRATAR A BAIXA E
A ALTA PERFORMANCE

HÁ DIVERSAS estratégias e posturas de que podemos lançar mão para criar um ambiente estimulante e com condições para o colaborador se engajar, se desenvolver e performar. Mas é importante estarmos cientes de que, embora façamos tudo, não significa que eles performarão e se comportarão do modo como esperávamos. Quando abordamos o conceito lócus de controle interno, vimos que podemos tomar várias medidas para influenciar o ambiente, e isso significa exercer nosso poder.

Entretanto, observamos também que há variáveis externas, sim. Somos potentes sobre estas, não onipotentes. Qualquer adoção de posturas e técnicas validadas de gestão aumenta as probabilidades, só isso. Sinto muito se você queria mais, mas a vida real é assim. Acredite, faça a sua parte que os frutos serão mais abundantes do que seriam se não fizesse.

A seguir, falaremos sobre a gestão do desempenho do colaborador, sobre o que fazer quando ele atende a nossas expectativas e quando não as atende.

O QUE SE ESPERA DE VOCÊ?

O primeiro ponto que você precisa incorporar é que fazer essa gestão é uma das principais responsabilidades de seu papel. Isso parece óbvio, mas frequentemente vejo gestores negligenciando essa atividade. Cuide das pessoas para que elas cuidem do restante. Especialmente em empresas que têm um sistema formal de avaliação de desempenho, parece que muitos gestores acreditam que "isso" é coisa do RH. É uma chatice que precisa ser feita porque "eles" querem. Não, amigo! O RH criou esse sistema para apoiá-lo em SEU PAPEL. Mesmo que não exista um sistema formal implantado pelo RH, você precisa gestar diariamente a performance da equipe.

Quando se tem o sistema, este prevê uma periodicidade oficial de avaliação, que geralmente é de seis em seis meses. Ocorre que muitos gestores acabam dando atenção ao tema só a cada seis meses. Além de ser uma irresponsabilidade, isso gera muitos problemas. As datas previstas para cada ciclo deveriam ser apenas o momento de se formalizar o que já foi feito e dito ao longo daquele período. Como muitos deixam para fazer tudo na última hora, essa fase acaba sendo turbulenta. Agindo assim, haverá o acúmulo de longas conversas, porque o que precisava ser dito e tratado adequadamente não foi, o que gera menor eficiência de resultados e, geralmente, desgastes com o colaborador que poderiam ser amenizados.

Os sistemas formais de avaliação de desempenho são um pouco diferentes de empresa para empresa, por isso, não abordarei como fazer a gestão segundo um sistema. Tratarei de temas gerais que independem da filosofia/ferramenta adotada.

Por favor, considere que boa parte do que venho falando no livro, especialmente nos últimos capítulos, já é sobre gestão de desempenho. Quando você mapeia o nível de maturidade do colaborador, contrata com ele expectativas para o desenvolvimento e lidera situacionalmente, já está fazendo uma parte importante da gestão de desempenho.

ESCADA DE INFERÊNCIA — VOCÊ ACHA QUE SUA AVALIAÇÃO É OBJETIVA?

Você tem certeza de que consegue avaliar objetivamente a performance da equipe? Já lhe ocorreu que você pode achar alguém realmente bom, mas na verdade ele é apenas esforçado? Ou que talvez sua relação pessoal mais próxima com alguns acaba fazendo com que a avaliação seja mais favorável em relação a eles? Com muito carinho, sugiro que não descarte essas possibilidades, pois é absolutamente humano fazer essas coisas, mesmo quando as achamos erradas. Se nem considerar que, inconscientemente, pode as estar fazendo, dificilmente conseguirá administrar essas armadilhas.

Temos certeza de que a forma como vemos o mundo é objetiva e correta. Isso é um grande erro e um perigo. Nosso cérebro não consegue considerar todas as informações que temos, e mesmo os poucos dados que considera ainda serão vistos a partir de uma interpretação subjetiva. Chris Argyres usou a figura de uma escada para mostrar o processo que nosso cérebro realiza. Entender a Escada de Inferência será muito útil não apenas para a gestão do desempenho, eu garanto.

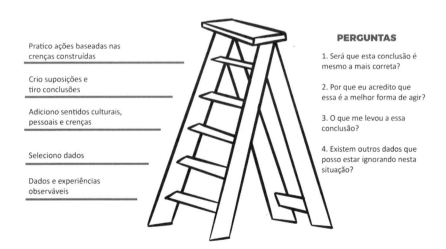

PRÁTICAS DA LIDERANÇA CONTEMPORÂNEA

O primeiro degrau dessa escada representa todos os dados e fatos que estão disponíveis na realidade. São fatos e informações que podemos captar pelos nossos sentidos. Podemos também chamar de **dados disponíveis.**

Porém, a capacidade do cérebro de considerar essas informações é, comprovadamente, restrita. Façamos uma analogia para facilitar a compreensão: quantos números você consegue memorizar? Se eu disser que uso a senha 33 27 45 42 56 84 81 32 22 98 63 56, você conseguiria decorá-la? Creio que seria um desafio quase inalcançável. Mas se minha senha fosse 33 27 45 42 56, provavelmente, com algum esforço, você conseguiria reter todos esses números em sua mente. É mais ou menos isso que o segundo degrau da escada de inferência explica: o cérebro "lembra" ou considera apenas alguns dos dados da realidade. E a "escolha" de que dados serão considerados não é aleatória, mas geralmente também não é deliberada.

Explico melhor: o cérebro trabalha com **dados selecionados**, e a seleção deles depende das vivências que tivemos, dos modelos mentais, das crenças e valores inconscientes, dos nossos vieses. Tudo isso faz com que alguns dados ganhem automaticamente mais importância do que outros. Também contribui para essa "seleção" a intensidade das emoções que são geradas ao vivenciarmos uma situação. Em breve, darei um exemplo que facilitará visualizar esse processo.

Bem, até aqui já dá para entender que não lidamos com a realidade completa, pois não consideramos todos os dados disponíveis. E a realidade objetiva ficará ainda mais distante porque o cérebro também interpretará esses dados. Ou seja, se os dados selecionados serão julgados, levantaremos **suposições** sobre eles. Mais uma vez, lembro que esse processo não é, na maior parte do tempo, deliberado. Ele acontece automaticamente, inconscientemente.

As interpretações que nosso cérebro fará também dependerão muito da história de vida de cada pessoa, suas crenças funcionais e disfuncionais, condicionamentos, traumas, preconceitos. Reforço aqui o poder dos scripts, dos valores e de papéis construídos sócio-historicamente. Eles também determinarão como nosso processador neural atribuirá um **significado** subjetivo aos dados selecionados.

Talvez o mais importante sobre esse processo venha agora: na maior parte do tempo, não consideramos que nossa interpretação seja apenas uma possibilidade, uma hipótese do que esteja acontecendo. Acreditamos piamente que aquilo em que estamos pensando é a realidade. Nesse momento, nossas **conclusões** nos parecem ser a realidade. Este é o quarto degrau da escada de inferência.

Ora, se acreditamos que o que estamos enxergando é a realidade, e não apenas uma interpretação — que pode estar equivocada, inclusive —, aquela conclusão provocará emoções e determinará como agiremos sobre o fato que está ocorrendo. Então, o último degrau dessa escada são nossas **ações**.

Vamos a um exemplo? Os pais de Marcos eram muito exigentes. Raramente manifestavam reconhecimentos generosos em relação ao que ele fazia. Além disso, eram distantes, dando menos afeto do que o necessário. Marcos era sempre comparado com outras crianças e considerado de menos valia que elas. Isso fez com que ele se tornasse um adulto com baixa autoestima e muito competitivo, pois aprendeu que precisava ganhar sempre para provar seu valor e ser amado.

Certo dia, Marcos participava de um encontro de planejamento estratégico da área. Muitas ideias eram dadas por todos, sendo que algumas eram validadas pelo grupo, e a maioria, descartadas. Então, essa era a real situação, que compunha o primeiro degrau da Escada. Todas as vezes que suas ideias eram descartadas pelo grupo, isso saltava aos seus olhos. Seu cérebro, automaticamente, selecionava esses dados. O fato de que boa parte das ideias dos demais também era descartada não era considerado, processo explicado pelo segundo degrau da Escada.

Note que a "escolha" dos dados selecionados tem a ver com a história de vida de nosso personagem fictício. Considerando essa mesma história, que tipo de suposições você acha que o cérebro automaticamente faria? Provavelmente, pensamentos do tipo: "Eles não estão me valorizando, sequer estão me ouvindo. Isso é uma injustiça. Eu preciso fazer valer minha ideia, senão isso significará que sou menos que os outros." Esses pensamentos, que não necessariamente são totalmente conscientes, fazem parte do quarto degrau.

Não é difícil de imaginar como Marcos se sentirá e se comportará a seguir. O que você acha? Se ele está se achando injustiçado, deverá sentir raiva e, possivelmente, acabará tendo uma fala agressiva quando mais uma de suas ideias não for a escolhida pelo grupo. A ação de Marcos (quinto degrau) corresponde à realidade subjetiva criada em sua cabeça.

Uma sugestão: não tente negar! Se você é uma pessoa psicologicamente saudável, uma pessoa "normal", é exatamente assim que funciona sua cabeça. Mas isso não significa que você não possa buscar tornar esse processo mais "realista" e, assim, agir de forma mais funcional. Comportar-se maciçamente baseado no mundo subjetivo que sua cabeça criou tem nome: neurose.

O que fazer para evitar, ou ao menos minimizar, saltar direto para conclusões equivocadas? Bem, não vou mentir: para muitos, tratar de seus fantasmas de infância será o melhor caminho. Sei que posso estar sendo um pouco invasivo falando sobre isso em um livro mais corporativo, mas terapia é um dos melhores investimentos que podemos fazer.

A sugestão de Chris Argyres é a de que você, tendo consciência do mecanismo, busque sempre "descer a escada". Isso significa procurar deliberadamente mais dados que não apoiem aquela suposição. Uma boa pergunta a se fazer é: existem também evidências que sinalizam o oposto daquilo que estou acreditando ser a realidade? Se nosso personagem fictício fizesse isso, ele poderia se dar conta de que algumas de suas ideias foram eleitas pelo grupo e de que muitas de outros colegas também haviam sido descartadas. Face a essas evidências, seria mais fácil ele relativizar aquilo em que estava acreditando. Fique bem atento para o fato de que, se você estiver no automático, o cérebro "buscará" mais dados que apenas comprovem seus pressupostos.

Outra saída é questionar as próprias suposições. Perguntas como menciono a seguir poderão ajudar: "Isso que estou pensando é um fato ou apenas uma das possibilidades do que está acontecendo? O que aconteceu só pode ser explicado da forma como estou pensando ou há outras razões?" Se Marcos tivesse se questionado dessa forma, poderia ter concluído que o fato de ter suas ideias descartadas não era motivado, necessariamente, pelo que seus colegas sentiam por ele. Haveria, no mínimo, outras cinco razões plausíveis para a não escolha de suas ideias. Se observar bem, lembrará que esse mecanismo de "desafio do pensamento" é o mesmo que sugeri como ferramenta no Capítulo 9, que fala da **gestão das emoções**.

Vamos agora fazer uma conexão mais direta do conceito de Escada de Inferência com o de gestão da performance? Antes de continuar, pense em todas as implicações possíveis. Quando avaliamos o atingimento de metas, se estas foram bem estabelecidas, a avaliação não será um problema, pois é algo objetivo: atingiu ou não o número combinado. Mas quando avaliamos competências e atitudes, enfrentamos grande risco de nos apegarmos apenas a alguns dados selecionados e a julgar erroneamente o avaliado. Isso é ainda mais fácil de acontecer se fizermos a avaliação somente a cada seis meses, pois, nesse caso, a tendência é a de recordar apenas os fatos mais recentes.

É importante também refletir se há um viés ou um padrão em suas avaliações. Por exemplo, será que a tendência é enxergar mais os dados que mostram que a pessoa não faz bem o trabalho e desconsiderar os dados que apontam o contrário? Ou talvez, com os mais achegados, você possa "selecionar" somente os dados positivos e, para os demais, ser mais rigoroso? A queixa de favoritismo é uma das que mais aparecem nas pesquisas de engajamento das empresas. Não estou afirmando que você é assim, até porque não nos conhecemos! Só você poderá dizer quais são seus padrões de interpretação da realidade.

Para que façamos avaliações mais justas e coerentes, recomendo manter um arquivo com um registro de evidências. Tenha em mente as competências que precisa avaliar e fique atento para fatos que mostrem a manifestação ou não de cada uma delas. Isso lhe dará a oportunidade de fazer um balanço mais justo a cada seis meses. Mas não significa que você só deva dar o feedback a cada seis meses! O feedback eficaz é aquele dado o mais próximo do acontecimento. Logo mais, mostrarei uma técnica preciosa para dar feedbacks.

O que fazer quando a pessoa está performando bem? Sugiro que volte a ler as orientações sobre o profissional M4. Basicamente, quando temos um performante, precisamos ser muito precisos e frequentes em reconhecer as contribuições dele. Lembre-se de que reconhecimento só faz efeito se não for protocolar. Se você acredita que "elogiar estraga", saiba que isso é uma besteira sem nenhum fundamento científico. Mostrar admiração legítima só tende a comprometer mais a pessoa a continuar atendendo às expectativas. Se alguém da equipe demostrar algo negativo após você o reconhecer, muito provavelmente isso aconteceria de qualquer jeito.

Outra estratégia adequada com um performante é a de começar a expô-lo a novos desafios. Para a maioria das pessoas, ter a percepção de que está em um desenvolvimento contínuo é muito importante. Cheque com o performante se isso é realmente um valor para ele. Esses desafios podem ser, inclusive, preparatórios para um próximo desafio de carreira.

A GESTÃO DA BAIXA PERFORMANCE

Para que você possa lidar com essa situação, alguns conceitos aqui são bem importantes. Por exemplo: você sabe a diferença entre baixa performance e baixo performante? Considera-se que um colaborador tem baixa performance quando ele não consegue atingir uma expectativa, ou algumas, mas se sai bem na maioria. Ele tem alguma dificuldade em cumprir com a totalidade da função, mas vale a pena estimular seu desenvolvimento, já que ele é performante na maior parte das coisas e tem boas atitudes.

Um baixo performante é diferente: ele não atende as expectativas na maioria das coisas que realiza ou naquelas que são atividades essenciais de seu cargo. Ou, ainda, só atinge os resultados se frequentemente microgerenciado. Às vezes, a baixa performance generalizada é fruto de uma frequente falta de empenho; outras vezes, a pessoa até se esforça, mas nitidamente ela não consegue entregar, pois seu perfil não condiz com a função que ocupa.

As tratativas de uma baixa performance e de um baixo performante devem ser diferentes. A única saída para este último é a demissão. Isso, obviamente, se não houver outra função na empresa à qual talvez seu perfil seja adequado. Faça isso por você e para a empresa: se já esgotou todos os recursos e concluiu que a pessoa não atenderá às necessidades da função, seja rápido. Manter um baixo performante custa caríssimo, não só financeiramente, mas para o clima da equipe, a cultura da empresa e sua imagem como gestor.

Acho oportuno tratar de outra diferença que talvez atrapalhe a gestão da performance: qual a diferença entre uma pessoa esforçada e outra dedicada? Podemos chamar de esforçados aqueles que nitidamente querem, mostram ações, mas não demostram estar se aproximando do desejado. Já os dedicados são aqueles que ainda não chegaram lá, mas dão sinais claros de que estão indo em direção ao que se espera, quer seja em termos de resultados ou de competência. Essa evolução, essa aproximação sucessiva do esperado, provavelmente revela que a pessoa tem potencial, um perfil aderente à função que ocupa, mas que ainda não amadureceu suficientemente. É uma questão de tempo.

Cuidado com os esforçados: há uma grande probabilidade de você demorar para perceber que não vale a pena investir neles. Pode ser que você esteja me achando desumano ao falar isso. Mas, veja, manter pessoas que não atendem à necessidade é um desrespeito com o restante da equipe, porque certamente esta acabará ficando sobrecarregada para compensar a baixa performance do colega. Mantê-lo também é uma falta de ética com a empresa, por razões óbvias. E é falta de respeito com a própria pessoa: como se sente alguém que a todo momento percebe que não é suficiente, que não consegue atender às expectativas? Todo desligamento precisa ser muito respeitoso, e podemos ser ainda mais cuidadosos nesses casos.

Agora, considerando que você está lidando com um colaborador que tem perfil, potencial para a função e que se mostre responsável e comprometido, vamos ver o que pode ser feito quando ele não está performando ou se comportando como o esperado, mesmo após você ter aplicado todas as técnicas mostradas nos capítulos anteriores.

A primeira e permanente ação a tomar é oferecer feedbacks assertivos.

CAPÍTULO 20
FEEDBACK

UMA CONVERSA PRODUTIVA QUE PODE TRANSFORMAR O COLABORADOR

O FEEDBACK, quando realizado da forma correta, traz grandes benefícios, porém, quando mal executado, tem o efeito contrário do esperado. Se você não tem o hábito permanente de dar feedback à equipe, provavelmente está perdendo a oportunidade de engajá-la mais e de estimular seu desenvolvimento. É do ser humano ter leituras diferentes sobre a realidade, por isso o colaborador pode ter uma autoavaliação bem diferente sobre a forma como está sendo visto pelos outros e, especialmente, pelo seu gestor. Então, é fundamental realizar alinhamentos periódicos sobre essas percepções.

É muito mais difícil sermos pessoas melhores sem que recebamos informações verdadeiras dos outros. Quando somos "egocentrados", ou seja, temos uma autoimagem construída apenas olhando para o próprio umbigo, corremos o risco de cair na maldição do mito grego de Narciso, que deu origem à expressão "narcisista". Nessa lenda, Narciso olha para sua imagem refletida em um lago e, completamente inebriado de paixão por esta, se afoga ao tentar possuir o que via.

Gosto da interpretação de que o que fez Narciso morrer não foi ele amar a si mesmo, mas, sim, se apaixonar pela imagem refletida no lago, ou seja, uma imagem distorcida da realidade. Ter uma imagem distorcida de si, quer seja para mais ou para menos, é problema na certa. O autoconhecimento pode nos levar a uma autoimagem mais realista, e isso fica muito mais fácil quando recebemos feedbacks.

Uma analogia que já utilizei em outra parte do livro é considerar o colaborador como um fornecedor da empresa. De certa forma, ele é mesmo um fornecedor, só que com um modelo contratual diferente, regido pelas leis trabalhistas, e assim como um, deve atender às expectativas de quem contratou seus serviços. Cabe ao gestor dizer se ele está ou não cumprindo com elas.

Esse esclarecimento de como a pessoa está se desenvolvendo é talvez a ferramenta mais poderosa também para o colaborador. Imagino que não deva ser difícil para o leitor se lembrar de situações nas quais recebeu feedbacks que foram decisivos, seja dentro ou fora do ambiente corporativo. Quem é adepto de terapia possivelmente se recordará de quando o terapeuta fala algo e você não tinha aquela percepção sobre você mesmo até aquele momento e como isso é impactante.

O objetivo do feedback é direcionar o colaborador para que ele possa atingir seu máximo potencial. Para o gestor, é a condição para que tenha mais tempo para realizar efetivamente a gestão. Quem não trabalha com feedback não está fazendo bem seu papel como desenvolvedor da equipe.

O colaborador precisa do feedback porque é muito ruim trabalhar em um ambiente sem saber se o que está realizando é suficiente. Uma pesquisa da FIA Employee Experience, que entrevistou 150 mil funcionários em mais de 300 empresas brasileiras, entre agosto e setembro de 2020, mostra que a falta de feedback é o principal problema de gestão.

Outro estudo, este da consultoria internacional PwC, de 2011, evidencia que quase 60% dos entrevistados gostariam de receber feedback diariamente ou semanalmente, número que aumenta para 72% para funcionários com menos de 30 anos. Mais de 75% dos entrevistados acreditam que o feedback é valioso. Cerca de 45% dos entrevistados também valorizam o feedback de colegas e clientes, mas menos de 30% afirmam que o recebem.

O filme *Náufrago* (2000, de Robert Zemeckis) traz uma cena que exemplifica essa necessidade muito bem. Chuck Noland (Tom Hanks) demora muito tempo para conseguir fazer fogo e, quando finalmente consegue, comenta com Wilson (a bola de vôlei com quem ele conversa na ilha): "Bonita fogueira, né, Wilson?" É inerente ao ser humano querer uma confirmação sobre as atividades, em qualquer situação. Um exemplo fora da ficção é o grande ator Paulo Autran. Mesmo no auge de uma carreira sólida e amplamente reconhecida, ele afirmava que só ficava calmo ao final do espetáculo com os aplausos. Todos precisamos da validação externa.

Infelizmente, no ambiente corporativo, muitos têm dificuldade de ter conversas difíceis ou de fazer reconhecimentos quando necessário — acreditam que o colaborador "não fez mais do que a obrigação" —, uma dinâmica que não beneficia a ninguém. Quando você sinaliza em que o colaborador deveria investir para se desenvolver ainda mais e ao reconhecer os avanços individuais, o profissional ganha autoconfiança para continuar evoluindo.

Alguns gestores se desestimulam a dar feedback porque, quando o fazem, não são bem-sucedidos: o colaborador não aceita o que foi dito e/ou não muda depois da conversa. Estudos da neurociência explicam que, quando recebemos um feedback, é acionada a mesma parte do cérebro de quando estamos em risco de sofrer um ataque físico. Ou seja, uma pessoa "saudável" resiste ao feedback. Mas é fundamental vencer essa primeira resistência e digerir a informação. É claro que a forma como este é feito interfere diretamente na capacidade de ser entendido e aceito.

Mostro, a seguir, um roteiro de como conduzir essa conversa de modo que aumente as chances de o colaborador ouvir, compreender, ter clareza do que está sendo falado e se comprometer com a mudança. Para ser lembrado, utilize o acróstico AMARCA, em que cada letra representa uma etapa da conversa. Essa sequência de letras permite que você fale de modo a gerar menos distorções.

A — ABERTURA

A principal preocupação para o sucesso dessa conversa é não gerar uma percepção de que aquele profissional não serve para a posição que ocupa. Por isso, ele precisa entender que se trata de uma oportunidade pontual de desenvolvimento. Então, no primeiro momento, é importante criar um clima amistoso, um ambiente respeitoso, deixando claro que não se trata de um ataque, minimizando as defesas e, assim, tendo mais chances de ser considerado e não rechaçado de imediato.

Para conseguir esse momento, comece destacando os pontos nos quais a pessoa está indo bem, depois enfatize que não é uma crítica à pessoa, mas, sim, sobre uma parte específica e uma oportunidade para desenvolver competências, assim como qualquer pessoa precisa fazer. É fundamental preservar a autoestima do colaborador. Um aspecto muito importante aqui é que não seja simplesmente uma técnica, precisa ser algo legítimo. É necessário perceber as qualidades e os valores daquele profissional para ser verdadeiro, pois, caso contrário, de alguma forma, o interlocutor perceberá.

Outro ponto a ser observado é que, caso o gestor tenha concluído que aquela pessoa não é um bom colaborador de forma geral, então já não é o momento dessa conversa. O feedback é para investir naqueles que performam bem e deixam a desejar em alguns pontos, que têm mais pontos positivos que negativos.

Por fim, uma última dica nesse quesito é não estar nervoso nesse momento. O ideal é fazê-lo próximo à situação à qual se refere aquela conversa, mas o gestor precisa estar com a cabeça fria para fazê-lo. Caso esteja muito afetado por algo que aconteceu, o melhor é esperar um pouco para fazer, organizar as ideias e estar totalmente entregue para aquele momento.

M — MOMENTO

Um erro muito comum que dificulta o reconhecimento de quem está recebendo o feedback é quando o gestor generaliza, dizendo que a pessoa sempre faz aquilo. É muito importante esclarecer em que situações específicas houve o comportamento tratado.

Lembre-se: o colaborador fica reativo quando recebe um feedback e tentará se defender do que for apontado. Assim, quando escuta "você sempre faz isso", ele se concentrará em momentos em que NÃO agiu daquela forma. E quando se lembrar de que em algum momento — pode ser apenas um — não fez aquilo, poderá automaticamente descartar o feedback.

As generalizações normalmente são injustas e abrem essa margem para as pessoas "fugirem". Afinal, dificilmente fazemos algo 100% das vezes. Se a pessoas foi a um local 100 vezes, mas chegou atrasado em 99 dessas vezes, a pessoa se lembrará daquela única na qual chegou antes do horário combinado. Ainda que sejam recorrentes, é preciso citar alguns momentos e situações específicas que aconteceram, sem generalizar. "Ontem, naquela reunião com a diretoria; na quarta-feira, quando recebemos aquele cliente" etc.

A — AÇÃO

Esta é talvez a letra mais importante. Nesse momento, o gestor deve descrever a ação que ele viu o colaborador realizando. É fundamental apenas descrever, e não julgar.

Por exemplo: "Ontem, na reunião, quando você apresentou o projeto e eu discordei da sua sugestão, sua reação foi muito grosseira comigo." Há um julgamento aqui quando se fala "uma reação grosseira". Agora, quando a construção muda para "ontem, durante a reunião, você deu um soco em cima da mesa e falou em voz alta 'para variar, você está discordando de mim!'" Percebe? Aqui há um descritivo da ação, sem julgamento.

É importante prestar atenção neste ponto porque em determinadas situações podem acontecer confrontos de valores, o que é certo ou errado, abrindo espaço para possíveis discussões. Afinal, para algumas pessoas, dar um soco na mesa é um comportamento aceitável. Ao simplesmente descrever o que outro fez, não há como dizer que ele não fez aquilo — ou pelo menos refletir sobre.

Minha sugestão é nunca usar adjetivos: "feio", "agressivo", "confiante", seja qual for o termo. Sei que pode ser pedir demais não julgar (somos humanos, afinal!), mas se o fizer, não verbalize o julgamento. Guarde-o para você e siga com a descrição do ocorrido.

R — REAÇÃO

Dando continuidade, depois de descrever o momento e a ação, chega a hora de falar sobre a reação. O que provocou nos outros aquele comportamento descrito? Qual foi a reação provocada pelo soco na mesa? Aqui, o gestor deve dizer como aquilo impactou ele próprio, como afetou no resultado esperado de um projeto ou objetivo conjunto, na performance individual do colaborador e da equipe, no cliente ou em que mais foi envolvido.

No exemplo anterior, o gestor pode dizer: "Eu fiquei muito constrangido. Não consegui mais participar da reunião, não consegui mais dar ideias. E ninguém mais deu sugestões, contribuiu com a opinião. As pessoas recuaram. Por ter agido daquela maneira, você não conseguiu atingir a meta com o cliente, que estava presente também." O objetivo é mostrar que aquele comportamento gerou uma reação indesejada, que não estava prevista. É nesse momento que normalmente o colaborador se sente incomodado com aquilo que fez. Feedbacks de melhoria precisam gerar incômodo, senão a pessoa não se mobiliza para mudar. Mas não é o gestor que precisa gerar o incômodo, é a conscientização do colaborador sobre o que o seu ato provocou.

C — CONSEQUÊNCIA

Depois da reação imediata, vem a consequência, na qual é abordado o que poderá acontecer caso a pessoa mantenha a atitude. Ou seja, se novos relatórios tiverem o mesmo erro de cálculo, se fizer a mesma negociação com o cliente, se voltar a dar um soco na mesa durante uma reunião. Essa é a hora de mostrar uma visão no longo prazo. É para o colaborador entender que pode gerar um problema para a empresa, para o gestor e, provavelmente, para ele mesmo.

O objetivo é fazê-lo refletir sobre essas consequências. A intenção é que ele se sensibilize e busque mudar. Dependendo da gravidade da situação, podem ser adotadas frases como "Se você mantiver esse comportamento, não vejo como poderemos continuar com nossa relação", ou "Se continuarmos a perder clientes, a empresa correrá o risco de ter um grande prejuízo". Tente sempre incluir aqui uma consequência para a própria pessoa.

A — ALTERNATIVA OU ACORDO

O último A é a conclusão do feedback. Nesse momento, é hora de conseguir o comprometimento do colaborador sobre o que ele fará de diferente para evitar que aquele erro volte a acontecer. O "back" da palavra feedback significa fazer a pessoa voltar e refletir. Mas, tão importante quanto, é terminar a conversa falando do futuro, incentivando-a a selar um compromisso de mudança.

O gestor deve incentivá-la a se comprometer com um novo comportamento em uma próxima situação similar. Pode questionar: "O que você fará para que isso não volte mais a acontecer?", ou "Como você agirá nessas situações daqui para a frente?" É importante obter uma resposta concreta, e não apenas uma intenção. Deve-se ter cuidado com uma resposta do tipo "vou me esforçar", pois pode ser autêntico o desejo manifestado, mas o ideal é que a pessoa descreva as ações específicas que fará.

Termine a conversa em um clima de confiança, mostrando que acredita que o colaborador conseguirá virar o jogo, no pacto que vocês acabaram de estabelecer, e reitere que a pessoa tem totais condições de mudar. Isso geralmente aumenta o sentimento de compromisso no ouvinte.

Uma dica valiosa é se preparar com antecedência para esse momento. Escreva o que quer dizer em cada etapa, faça um roteiro, estude-o e guarde para depois conferir se falou tudo o que gostaria. Como todo novo hábito, essa técnica exige dedicação, mas com o tempo vai ficando mais automática e fluirá cada vez com mais naturalidade.

CAPÍTULO 21
AINDA NÃO FOI O SUFICIENTE PARA OBTER A PERFORMANCE NECESSÁRIA?

ANÁLISE SOBRE A ÓTICA DOS 4 CS DA BAIXA PERFORMANCE

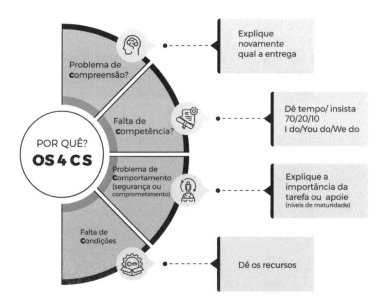

A PERSISTÊNCIA na falta de desempenho exige análises adicionais. A seguir, compartilho um esquema para isso, chamado de **4 Cs da baixa performance**.

O primeiro C é de **compreensão**. Nesse caso, o colaborador não compreendeu o resultado esperado em relação à função ou a uma atividade específica. Sugiro aqui que o questione com perguntas do tipo: "O que você compreende ser os principais entregáveis de sua função? Quais resultados você acha que precisa alcançar ao fazer essa atividade? Você entende que chegar a esse resultado é algo inegociável e que terá um tempo curto para isso?" Fique atento às respostas dadas e procure identificar possíveis distorções. Corrija-as e peça para ele dizer o que fará para atingir o esperado. Deixe claro que isso é um acordo entre vocês.

O segundo C está relacionado à falta de alguma **competência**, que pode ser *hard* ou *soft skill* (técnica ou comportamental). Às vezes, é necessária uma observação cuidadosa para se descobrir que o colaborador não tem uma habilidade sutil, mas que faz toda a diferença no resultado. Poderá ser interessante aplicar mais uma vez a fase *We do*, descrita no Capítulo 18.

Descoberta uma oportunidade de desenvolvimento, peça para o colaborador fazer um Plano de Desenvolvimento Individual (PDI). Muitas empresas já têm um modelo e um campo específico para registrar o PDI dentro do sistema de avaliação de desempenho. Se não for esse o caso, o registro poderá ser feito em qualquer arquivo, compartilhado contigo e acompanhado por ambos. Aqui, o principal papel é o de explicar o conceito 70/20/10 e checar se as ações de desenvolvimento propostas estão proporcionalmente seguindo esse conceito.

Agora, se o problema tiver origem no **comportamento**, como falta de autoconfiança ou de comprometimento, técnicas e posturas valiosas sobre o que fazer já foram dadas quando abordei os níveis de maturidade M2 e M3 e no Capítulo 17. Avalie se vale a pena tentar mais uma vez aquelas estratégias. Essas questões estão relacionadas ao terceiro C do nosso esquema.

O quarto C traz uma reflexão importantíssima: será que o colaborador não está conseguindo devido a um fator externo, por falta de **condições**? Verifique se a pessoa tem os equipamentos ou sistemas necessários. O ambiente de trabalho é adequado? A carga de trabalho é realmente realista? Existem prioridades definidas? Para aquela entrega, há a dependência de outras pessoas ou áreas, e estas estão fazendo suas partes? Se a baixa performance for dessa natureza, ela só será resolvida dando às pessoas os recursos que faltam.

A última chance. Não creio ser uma estratégia para ser usada sempre, mas já vi uma boa quantidade de casos em que a recuperação do colaborador só ocorreu quando lhe foi comunicado que aquela seria a última tentativa antes da demissão. Se for necessário chegar a esse ponto, certifique-se de estar atento ao seguinte:

- Esse "recurso" deve ser usado somente se você realmente acredita que o colaborador pode reverter a situação e quando ele é muito bom nas outras entregas, o que faz valer a pena uma última tentativa.

- Deixe claro por que está tomando essa decisão, destacando os aspectos que mencionei no item anterior. Passe a mensagem de que acredita que ele conseguirá se recuperar.

- Pergunte para a pessoa se ela está disposta também a fazer essa última tentativa. Se não houver comprometimento dela, a empreitada será em vão.

- Estabeleça um prazo para avaliar se o objetivo foi atingido. Não consigo imaginar muitas situações em que seriam necessários mais do que três meses.

- Deixe claro que poderá contar com você; que serão aliados, embora o maior responsável em reverter a situação seja ele mesmo.

ACEITANDO A BAIXA PERFORMANCE

Um ponto a ser considerado: será quase impossível encontrar uma pessoa que atenda a 100% todas as expectativas do gestor ou da empresa. Aliás, é assim também nos relacionamentos de amizade, amorosos etc. Com certeza ocorrerão situações em que você e o colaborador farão de tudo para melhorar. Muito provavelmente, a pessoa melhorará, mas não necessariamente na proporção necessária. Mas, e se em todo o resto o profissional atender à expectativa ou até mesmo superá-la?

Avalie se vale a pena substituí-lo, pois é possível que outra pessoa no lugar possa suprir aquele *gap*, mas mostrar ter outro. Se você achar que todo o restante compensa, continue e demonstre que está feliz por ter essa pessoa na equipe, que esse profissional é importante, pois não há nada mais desrespeitoso do que manter uma relação e ficar o tempo todo sinalizando que a pessoa é insuficiente. Lembre-se, estou aqui tratando de "baixa performance", não de "baixos performantes".

CAPÍTULO 22

CONVERSAS SOBRE CARREIRA E A REDUÇÃO DO *TURNOVER*

PAPÉIS, RAPPORT, EMPATIA E A TÉCNICA MA³

SOMOS SERES desejantes. Temos necessidades diferentes, motivações diferentes. Como passamos o maior tempo da vida na empresa, parece ser lógico que buscaremos satisfazer boa parte de nossas necessidades nesse ambiente. E boa parte da atenção de um líder deve estar em entender e gerenciar as expectativas. É preciso lidar com as expectativas do cliente externo e interno, dos pares, superiores hierárquicos, colaboradores. E com as próprias!

Nas pesquisas de engajamento e clima de muitas empresas, é comum que um dos itens de menor favorabilidade é o que trata da percepção do colaborador em relação à oportunidade de desenvolvimento e à possibilidade de carreira. Como o gestor é o representante direto da empresa, a conversa sobre esses temas é inevitável.

Muitos gestores temem os diálogos sobre isso, acreditando que estimularão expectativas que nem sempre poderão ser atendidas. Esse pensamento é uma falácia, pois as expectativas existem de qualquer forma e afetam as atitudes e a performance da equipe. Então, o que você prefere? Lidar com elas tendo claro quais são ou varrê-las para debaixo do tapete?

Essas conversas se fazem ainda mais necessárias agora, já que o *turnover* atingiu patamares acima das médias históricas. Diversos países vivem o fenômeno chamado A Grande Renúncia, caracterizado pelo aumento significativo de pedidos de demissão. Os gastos com o *turnover* são enormes, tanto os diretos (custos de rescisão, de novos processos seletivos, de investimento de treinamentos) como os indiretos (sobrecarga de trabalho do gestor e equipe, diminuição da qualidade, impacto no clima). A gestão do *turnover* não deve estar apenas na mão dos gestores, mas algumas práticas destes podem afetar tal gestão positivamente. As conversas sobre carreira não eliminam o *turnover*, mas podem representar sua diminuição.

Por outro lado, dependendo da condução desse tema, o efeito pode ser contrário ao desejado. É preciso estar bem preparado para essa conversa. Já ouvi muitos relatos de experiências ruins decorrentes de alguns deslizes que os gestores cometem. Isso geralmente se dá por modelos mentais equivocados e posturas inadequadas que os gestores têm e não percebem. Então, convido você para acompanhar a continuidade dessa discussão olhando para si mesmo e para suas atitudes. Não tenho nenhuma dúvida de que você busca sempre o melhor, mas talvez ainda não tenha um bom repertório para isso.

EXPECTATIVAS ALTAS DEMAIS X DEDICAÇÃO E PACIÊNCIA BAIXAS DEMAIS

Você já deve ter percebido que, na atualidade, muitos colaboradores demonstram ter a expectativa de uma evolução de carreira muito acelerada e em um ambiente de menos estresse. Não entrarei no mérito de por que isso está acontecendo. A situação está aí, e me deterei a refletir sobre como lidar com ela. Só comento que essa mudança na relação com o trabalho tem um lado extremamente benéfico; mas, por outro, traz alguns efeitos colaterais complicados para a empresa e para os próprios colaboradores.

O que você acha de uma pessoa querer ter qualidade de vida, ganhar bem e trabalhar pouco? Essa questão pode gerar conflitos com seus valores. Arrisco dizer que, se você se tornou um gestor, provavelmente é porque o trabalho é um valor e trabalhar muito nunca foi um problema. Mas já falamos sobre a diferença entre as pessoas e como todos temos exatamente o mesmo valor como seres humanos.

É fundamental que e questão esteja bem resolvida em sua cabeça: é completamente legítimo uma pessoa desejar mais qualidade de vida, trabalhar menos, ganhar bem, ser promovida rapidamente, trabalhar com o que tem mais significado pessoal e seja lá o que for. Ou, ainda, não ter expectativa de crescer. Mas isso não significa que você ou a empresa tenham obrigação de dar conta dessas expectativas. Agora, não é possível simplesmente ignorar que há uma tendência de mais e mais colaboradores buscarem algumas das coisas citadas. Buscar um meio-termo entre o desejo do colaborador e o que a empresa pode oferecer parece ser salutar a todos. Você poderá ajudar a empresa a pensar em como fazer isso. E, naquilo que ainda não é possível, será muito nobre se ajudar o colaborador a refletir e tomar as melhores decisões para a vida dele.

PAPÉIS DO COLABORADOR EM RELAÇÃO À CARREIRA

- Ser o principal responsável por sua carreira (repita esta frase até acreditar nisso). Nunca se sinta na obrigação de ter de atender totalmente às necessidades da equipe. A reversão dessa responsabilidade traz muitas consequências negativas para todos.

- Ser o maior responsável por seu desenvolvimento.

- Ter claras as aspirações e compartilhá-las, se desejar apoio.

- É um sinal de maturidade saber avaliar se seus anseios coincidem com as necessidades da empresa.

- Desenvolver um plano de ação de melhoria alinhado com os objetivos de carreira.

- Buscar e aceitar oportunidades que alavancarão seu desenvolvimento. Alguns colaboradores têm a seguinte postura: "Quero crescer, desde que…" Às vezes, essas condições são incongruentes com o objetivo manifestado.

- Discutir os avanços feitos em relação às ações de melhoria.

PAPÉIS DO GESTOR EM RELAÇÃO À CARREIRA

- Conhecer os objetivos da empresa e dos colaboradores para buscar pontos de alinhamento.

- Fazer perguntas que ajudem o colaborador a refletir sobre suas aspirações, experiências e perfil. Evite ao máximo sugerir para onde ele deve ir, pois caso esse caminho não dê certo, ele te responsabilizará por isso.

- Se necessário, ajudá-lo a definir um plano de ação de melhoria viável e mensurável.

- Fazer o acompanhamento das atividades do plano, dando feedbacks específicos e sugestões pertinentes.

- Ajudá-lo a fazer contatos e criar relacionamentos na empresa. Isso pode ser útil de diversas formas, especialmente para que ele compreenda, de forma mais abrangente, o bônus e o ônus envolvidos em cada cargo.

- Interceder, principalmente junto à alta gerência e outros grupos da empresa, para abrir caminhos.

- Influenciar o Comitê de Calibração — caso exista esta prática no sistema de avaliação de desempenho da empresa — sobre o colaborador, quando este for merecedor.

DICAS E PERGUNTAS PARA ABORDAR EXPECTATIVAS DE CARREIRA

- Certifique-se de que o colaborador entende que o que ele está manifestando será considerado, mas que isso é apenas uma expectativa, não uma promessa. Nunca, em hipótese alguma, prometa uma posição futura. Ninguém tem total controle disso, nem mesmo o presidente, pois o que hoje é um caminho viável poderá não mais existir amanhã, dependendo dos rumos que o negócio e o mercado tomarem.

- Nunca deixe subentendido que há uma possibilidade se isso não for verdade. Muitos gestores acabam fazendo isso com medo de serem sinceros e desmotivar ou perder o colaborador. Se você mentir, mais adiante ele perceberá, e você não apenas perderá o colaborador, mas também sua confiança. Não existe liderança sem relação de confiança. O que você pode oferecer é a sua parceria e seu empenho para que o desejo ocorra. Limite-se a dizer o que está sob sua zona de influência.

- Utilize perguntas como: "Você está consciente de quais são as variáveis que interferem para que esta expectativa se concretize? Quais são?" Ajude-o caso ele se esqueça de alguma destas:

1. Desempenhar muito bem sua função atual.

2. Existir oportunidade/vaga.

3. Preencher requisitos para a função futura.

4. Ser bem ranqueado no Comitê de Calibração (se houver esta prática na empresa).

5. Ser selecionado no processo seletivo interno.

- Às vezes, o colaborador deseja tanto uma nova posição que subestima os desafios dela. É um belo trabalho do gestor ajudá-lo a entender as implicações da escolha, mas cuidado para não dar a entender que o está desestimulando.

- Seja realista e honesto ao mostrar se o perfil está adequado à posição que almeja. Dê evidências, conforme citamos no Capítulo 20, sobre feedback.

- Incentive a busca por objetivos que sejam factíveis também para a empresa.

- Mostre que algumas mobilidades são inviáveis. Por exemplo, quando o salário atual é maior do que o da oportunidade desejada.

CONVERSAS SOBRE CARREIRA E A REDUÇÃO DO *TURNOVER* 161

- Como você se sente quando descobre que um colaborador deseja sair de sua área ou da empresa? Como se isso fosse uma traição? O que o faz pensar assim? Sugiro que reveja isso. Pode ser difícil perder uma pessoa, mas da mesma maneira que é completamente legítimo demitir, também o é que o profissional queira outra coisa para ele. Pode haver gratidão, mas não dívida. Essa reflexão é especialmente importante quando consideramos um membro da equipe que tem alta performance.

- O desejo de impedi-lo de sair é compreensivo, mas dificultar sua mobilidade é um gesto nada nobre. Também não é um gesto inteligente, pois você perderá a pessoa mais cedo ou mais tarde. Um dos maiores orgulhos que um líder deveria sentir é quando consegue ser um alavancador de carreira para a equipe. Considere que o mundo dá voltas e ninguém sabe onde esse colaborador estará amanhã e o quanto você poderá precisar do apoio dele.

- Mais uma reflexão: o que você pensa sobre colaboradores que dizem que estão felizes com a posição que ocupam e que não querem nem mobilidade lateral e nem vertical? Isso deve parecer muito estranho para pessoas que batalharam por uma carreira, como deve ser o seu caso. Mais uma vez: essa escolha é totalmente legítima. O que tem de errado em algumas pessoas não desejarem "a bucha" que é ser gestor, por exemplo? Outro aspecto a ser considerado é o de que a empresa provavelmente não conseguirá dar conta da expectativa de crescimento de todos, logo, ter alguns que não têm ambição é um alívio.

- O que é preciso combinar com essa pessoa? Primeiro, que, mesmo estando no mesmo cargo, ela não poderá se recusar a continuar se desenvolvendo. Mercados mudam, tecnologias evoluem, filosofias de trabalho são atualizadas, e todos precisam se adaptar se desejam manter a empregabilidade. Ela também deve estar ciente de que a renda se estagnará. Por fim, uma pessoa que desempenhou papéis diferentes provavelmente terá um repertório de competências e de conhecimentos que aumentam a empregabilidade. Logo, é legal checar se quem opta por ficar na mesma posição está ciente de riscos futuros. No mais, seja feliz!

- Seria incrível se os colaboradores sentissem segurança para informar que desejam sair da área ou da empresa. Além de isso mostrar que você criou um ambiente de muita confiança, daria a oportunidade para se antecipar, preparar outros para assumirem interinamente algumas atividades e/ou monitorar possíveis candidatos. Para criar esse clima, deixe claro que acha normal fazer essa escolha. E se alguém finalmente comunicar o desejo de sair, você precisará lidar com isso com muita naturalidade, sem ressentimentos e muito menos com algum tipo de perseguição.

- Agora, é importante não confundir com quando o profissional fica ameaçando sair porque está insatisfeito com o salário ou outra demanda. Nesse caso, avalie se a pessoa já não "saiu afetivamente". Mesmo que consiga um aumento salarial e ela fique, talvez o engajamento não seja suficiente. Considere também que outros colegas poderão saber que a estratégia deu certo e reivindicar o mesmo. Por fim, pode ser uma ótima ideia estimular que o insatisfeito vá ao mercado e busque uma nova posição. Talvez ele descubra que o valor que ele pensa ter não é o que o mercado está pagando.

- E quando o colaborador avisa que recebeu outra proposta e que pensa em aceitar? Como já tratei antes, em primeiro lugar, considere que essa escolha é totalmente legítima. Mas você poderá checar se a pessoa analisou todas as implicações da mudança, com a intenção de fazê-la tomar uma decisão mais segura. Ela sabe qual é a cultura da nova empresa? Sabe que provavelmente esta não tem alguns problemas que existem na sua, mas terá outros que podem ser bem desgastantes? Entende que na atual já tem um histórico conquistado e que na nova terá de construir isso do zero? Considera as oportunidades futuras que teria dentro da atual? Mais uma vez: não seduza e não faça promessas vazias para segurar a pessoa.

COMO INICIAR UMA CONVERSA SOBRE CARREIRA

Sugiro que comece o diálogo criando um clima favorável e produtivo. Para isso, poderá seguir alguns passos:

Rapport

É a capacidade de entrar no mundo de alguém, fazê-lo sentir que o entende e que vocês têm um objetivo em comum. É uma boa maneira de iniciar qualquer conversa. Dicas:

- Crie um clima adequado logo de início.

- Cumprimente-o de forma calorosa para ajudar a reduzir a ansiedade.

- Faça um quebra-gelo inicial, com um comentário pessoal ou do contexto.

- Seja amigável e acolhedor; isso predispõe a pessoa a conversar com maior abertura.

- Crie um clima de "aliança"; ambos estão "no mesmo barco" e podem se beneficiar com essa conversa.

- Assuma a postura +/+.

Contrato

É o alinhamento de expectativas em relação à conversa que terão e o estabelecimento de como ela se dará. Dicas:

- Defina com clareza o objetivo da conversa — saber como o colaborador está se sentindo em relação ao trabalho e às expectativas com o futuro.

- Pergunte o que o colaborador espera da conversa.

- Deixe claro que o sucesso da reunião é responsabilidade dos dois e incentive-o a participar ativamente do processo.

- Proponha um pacto de trabalharem com **lócus interno**.

- Combine a duração aproximada e sugira a sequência da reunião.

- Deixe claro que você buscará compreender autenticamente as aspirações, que fará o possível para apoiá-lo, mas que é importante estar consciente de que nem todos os desejos poderão ser realizados.

Empatia

Você já viveu uma situação em que contou para alguém sobre suas expectativas e sentimentos e a pessoa demonstrou não compreender ou tentou invalidar o que você disse, alegando que você deveria pensar diferente? Como se sentiu? Deu vontade de continuar se abrindo? É frustrante, não é?

A empatia pode ser conceituada de diversas formas, mas adotarei esta: é a capacidade de se colocar no lugar do outro, mesmo quando o que ela está te falando seja diferente de como você percebe ou sente a realidade. Conversas sobre carreira sem empatia acabam sendo completamente improdutivas, pois para o colaborador é como se ela não tivesse existido. Se a pessoa já está frustrada por algo relacionado à carreira, ficará também decepcionada por não ser ouvida de verdade.

Ter empatia não significa que você está concordando com ela. Empatia significa apenas que você realmente entendeu o desejo manifesto e que este é legítimo, embora não necessariamente possa ser atendido. Embora ter empatia seja uma competência, há alguns passos que poderão ajudá-lo a ter e a demonstrá-la. Para facilitar, utilize uma técnica chamada E.L.E.

Um alerta: o colaborador só se sentirá ouvido se você legitimamente sentir empatia por ele. Então, não use a técnica de modo mecânico.

E — Escuta ativa

- Concentre-se mesmo no que está sendo falado, procure não interromper.

- Mostre que valoriza o que o outro diz, sem irritação ou impaciência. Não se distraia.

- Coloque-se no lugar do outro, enxergue o assunto sob o ponto de vista dele. Imagine como se sente na situação relatada.

- Evite preconceitos e julgamentos. Não tire conclusões precipitadas.

- Faça perguntas caso não entenda algum ponto.

- Compreenda o ponto de vista do outro, ainda que não seja o seu.

- Perceba o que está por trás das expectativas. O que o colaborador realmente deseja? Reconhecimento, aprender coisas novas, mais visibilidade? Às vezes não é possível atender exatamente o que ele pede, mas é viável oferecer alguma alternativa que satisfaça aquele desejo subjacente.

L — Legitimação:

Se você realmente entendeu o que a pessoa está falando, ou seja, conseguiu ter escuta ativa, demostre isso. Mas cuidado, não é para sinalizar que concorda com o que está sendo solicitado. Algumas possíveis frases que podem ser ditas:

- Eu realmente posso imaginar como está se sentindo.

- É normal você pensar assim.

- Deve ter sido bem difícil.

- Eu compreendo que, nesta situação, algumas pessoas se sintam frustradas.

- Você tem todo o direito de desejar isso.

E — Espelhamento:

Também conhecido como paráfrase. Trata-se de fazer uma síntese do que entendeu. Isso é uma checagem para garantir que não deixou escapar algum ponto importante, mas também serve para demonstrar que estava bem atento ao que foi dito.

Por exemplo: "Deixa eu ver se eu entendi direito seu ponto de vista... Você acha que, pela sua performance, já seria o caso de ter uma promoção. E que isso está te deixando descontente."

O contra-argumento

Se realmente considerou o que a pessoa falou, é legítimo pedir para que ela também considere o seu ponto de vista e as limitações que são obstáculos reais para que todas as expectativas se concretizem. Evite começar dizendo "veja bem" ou "na verdade", pois essas expressões geram a ideia de que você está querendo invalidar o que ele falou. Você pode dizer algo como: "Peço que reflita sobre algumas variáveis que não foram citadas. Aqui nós temos uma avaliação de desempenho que busca calibrar as expectativas dos colaboradores, as performances e as necessidades da empresa..."

Como ajudar a pessoa a entender o que ela deseja e colocá-la como protagonista nessa busca? Técnica MA³. Essa ferramenta ajuda a conhecer melhor a equipe e a criar condições motivacionais para cada membro dela.

É comum as pessoas acharem que serão realizadas somente quando trabalharem em uma posição específica. Mas, na verdade, deve haver outras possibilidades de trabalhos e atividades que satisfazem o fator motivacional mais importante. Quando você descobrir o valor subjacente desse profissional, poderá pensar se há alternativas em que ele também encontrará o fator motivacional.

O MA³ é um mapa circular com quadrantes sequenciais.

1. M — Meta/motivador

Aqui, o importante não é descobrir apenas para onde a pessoa quer ir, mas sim o que ela enxerga como ganhos que terá naquela posição, quais os valores.

Por que é importante saber quais os valores do seu liderado?

a) Para saber se está alinhado com o que a empresa pode oferecer.

b) Para direcionar atividades que combinam mais com o que mais valoriza.

Você pode começar perguntando o que a pessoa quer. Mas depois, e o mais importante, é questionar por que aquilo é importante. Não se contente apenas com a primeira resposta; repita a pergunta "mas por que isso é importante para você?" O objetivo apresentado revela necessidades implícitas, motivações existenciais, que o próprio colaborador pode desconhecer. Geralmente é algo abstrato, como uma sensação. O desejo de coisas materiais (dinheiro, por exemplo) pode revelar a necessidade de segurança para alguns. Para outros, a busca é por status, e para outros, a conquista de bens materiais representa a capacidade de realização.

Como referência, cito o autor holandês Junger Apello. Segundo ele, existem dez motivadores intrínsecos: competência (ou maestria), aceitação (necessidade de pertencimento), curiosidade, honra, propósito, independência, ordem, poder, relacionamento e status.

A descoberta dos fatores motivacionais ajudará não apenas na carreira, mas também na gestão do dia a dia do colaborador. Se o gestor identifica que a pessoa se sente melhor quando trabalha com coisas mais estáveis (ordem), talvez seja possível deixá-la com tarefas relacionadas a métodos e procedimentos. Ou se ela deseja mais desafios (curiosidade), poderá incluí-la em projetos de inovação. Para quem valoriza muito a qualidade de vida, poderá pensar em como oferecer tempo livre em troca de alta produtividade. Alguns autores chamam isso de "moedas de troca", variando de pessoa para pessoa e podendo mudar em fases diferentes da vida.

3. A — Autoavaliação

Após bem mapear o que a pessoa deseja e o porquê, partimos para a segunda etapa desse roteiro de conversa, em que o gestor deverá perguntar o que ela tem de bom para atingir sua meta e o que precisa melhorar para aumentar as chances de atingir o objetivo. Também deve ser questionado quais as etapas que ela imagina serem necessárias para isso.

Nesse momento, o gestor apenas pergunta, não dá o feedback. É um momento importante para checar qual o nível de autoconhecimento que o liderado tem.

4. A — Análise dos outros

Aqui, a primeira pergunta é: o que os outros diriam que você tem de bom para alcançar esse objetivo? Depois: do que os outros diriam que você precisa para ter sucesso quando estiver na posição que deseja? Mantenha a escuta ativa e não interfira enquanto a pessoa fala. Essas questões ajudam o colaborador a refletir e a calibrar a autopercepção. Também revelam se está atento aos feedbacks diretos e indiretos. Após esgotar tudo o que pensa sobre, é hora de oferecer seu feedback, tanto de reconhecimento como de oportunidade. A ideia não é dar o tom de "puxão de orelha", mas contribuir com uma visão mais realista e de desenvolvimento.

5. A — Alvo do sucesso

Nesta etapa, você, gestor, deve esclarecer quais são as necessidades e os próximos passos a serem cumpridos para que o colaborador esteja apto ao que deseja. Fale dos resultados e comportamentos esperados. Considerando tudo o que foi dito, explique os fatores que eventualmente ele não destacou.

Diga para onde a empresa deseja ir, de que tipo de profissionais precisa e o que se espera desses. Depois, o que o departamento precisa e, por fim, quais são suas expectativas como gestor. Mostre que, para ele ter sucesso futuro, é preciso ter sucesso agora. Aborde também quais competências serão exigidas na função almejada, mostre quais já atende e os *gaps* identificados.

Após as colocações, pergunte se ele está disposto a percorrer esse caminho. Caso não esteja, você poderá incentivá-lo a buscar outras ambições, nas quais as motivações intrínsecas também possam ser satisfeitas. Se isso não for possível, considerem que a saída da empresa poderá ser a melhor alternativa. Planejem, então, a transição, incentivando que saia deixando as portas abertas.

Agora, se a pessoa se comprometer a seguir com as condições apresentadas, deverá construir seu **plano de desenvolvimento**, contando com você como apoiador dessa jornada.

Vale a pena checar se o liderado está consciente de que, mesmo tendo uma boa performance e a conduta esperada, as oportunidades dependerão de diversos fatores que fogem ao controle dele e do gestor. Isso é importante para que ele não chegue um dia e diga: "Fiz tudo o que combinamos, agora é a vez de você fazer sua parte e me promover."

CONCLUSÃO

UMA VEZ, ouvi a seguinte história: um psiquiatra recebe em seu consultório uma mulher. Ela fala que o procurou por estar preocupada com o marido; conta que este fez diversos treinamentos e leu muitos livros. Ao acordar, ele pula da cama animado, relê seu caderno de anotações com todos os aprendizados e fala deles entusiasticamente.

"Aliás, ele adora 'palestrar' sobre as teorias e técnicas que aprendeu! Quem o ouve acredita ser ele um foguete, pronto para decolar e conquistar o universo", concluiu a mulher. Intrigado, o médico pergunta: "Mas o que tem de errado com o seu marido?" Então, ela responde: "Depois de fazer tudo isso, ele coloca o pijama e volta a dormir!"

Moral da história: o que importa não é o que aprendemos na teoria, mas o que colocamos em prática.

Mudanças de hábitos requerem disciplina até que os novos se tornem automáticos. Desejo que você consiga ampliar seu repertório e que possa, com isso, fazer ainda mais diferença na vida de quem trabalha contigo. Não podemos ser perfeitos, mas ao aceitarmos um papel, devemos nos empenhar para sermos melhores nele a cada dia.

Me despeço com a frase de John C. Maxwell: Liderança não é sobre títulos, cargos ou hierarquias. Trata-se de uma vida que influencia outra" (2014).

AGRADECIMENTOS

MEU TRABALHO é minha principal fonte de energia, pois ele sempre me fez sentir que minha existência vale a pena na medida em que posso contribuir com a vida de outras pessoas e com a saúde de minha e de outras empresas. É também a maior oportunidade de autodesenvolvimento que tenho.

Tudo o que aprendi e coloquei em prática foi fortemente influenciado pelas pessoas que cruzaram meu caminho. Que me deram amor e encorajamento para ir adiante. Que me ensinaram a valorizar o que é essencial. Que me desafiaram a me superar e desenvolver novos repertórios. Que me questionaram e me fizeram ampliar minha autopercepção e a visão de mundo. Que me frustraram, e isso me deu mais capacidade para enxergar a vida de forma mais realista e humana. Que me ensinaram caminhos que eu jamais descobriria sozinho.

Pessoas que conheci pessoalmente e pessoas que não sabem de minha existência, mas das quais pude acessar os ensinamentos e as histórias, o que me ensinou muito e me inspirou. É impossível nomear a todos, mas registro meu mais autêntico sentimento de gratidão! Destaco alguns e algumas.

Minha **família**! Dela, as maiores contribuições foram o amor dado, o cuidado e a capacidade de me aceitar como sou! São também exemplos de pessoas honestas, trabalhadoras e justas.

A todos meus **professores**, meu muito obrigado! Ele me ensinaram muitas coisas, mas o mais importante foi me fazer pensar de forma mais ampla e dialética.

Meus **colegas de trabalho**, meus sócios, meus colaboradores, consultores parceiros! Tive o privilégio de trabalhar com pessoas brilhantes e do bem! Pessoas comprometidas, alinhadas com meu propósito e que nunca negaram compartilhar comigo seus conhecimentos!

Meus **clientes**! Obrigado por me tratarem respeitosamente e por me instigarem a resolver problemas que exigiam muita parceria e confiança!

Aos **gestores** que participaram de meus treinamentos, minha mais profunda admiração e respeito! Sei o quanto a missão de vocês é importante e, muitas vezes, difícil. Aprendi muito com vocês!

Aos **amigos**, sem vocês a vida seria impossível. Vocês são meu "carregador de bateria", minha renovação!

Às jornalistas **Paula** e **Vanessa**, autoras do prefácio desta obra, muito obrigado pelo entusiasmo, pelas orientações sobre minha escrita e pela viabilização deste livro!

E agradeço também ao **Ser Superior**, que me deu uma vida com privilégios e percalços que me fizeram ser uma pessoa melhor!

Obrigado!

REFERÊNCIAS BIBLIOGRÁFICAS

APELLO, J.; BECK, J. *Terapia Cognitivo-comportamental.* Porto Alegre: Artmed, 2021.

BENNIS, W.; NANUS, B. *Líderes.* São Paulo: Harbra, 1988.

BERNE, E. *Você está ok?* Análise Transacional. Rio de Janeiro: Artenova, ano.

CHARAN, R. *et al. Pipeline de Liderança.* São Paulo: Sextante, 2018.

COATES, J.; BREEZE, C. *Delegar tarefas com segurança.* São Paulo: Nobel, 2000.

COLLINS, J. *Good to Great.* São Paulo: HSM, 2018.

DUHIGG, C. *O poder do hábito.* Rio de Janeiro: Objetiva, 2012.

FORD, H. *Minha vida, minha obra:* Autobiografia. São Paulo: LeBooks, 2018. (Série Os Empreendedores).

FRANKL, V. *Em busca de sentido.* Petrópolis: Vozes, 1991.

HEIFETZ, R. *et al. La práctica del liderazgo adaptativo.* Buenos Aires: Paidós, 2012.

HERSEY, P.; BRANCHARD, K. *Psicologia para administradores.* São Paulo: EPU, 1986.

ISMAIL, S. *Organizações exponenciais.* São Paulo: HSM, 2015.

JUNG, C. G. *Letters, Volume 1:* 1906–1950. New York: Routledge — Taylor & Francis Group, 2015.

KOFMAN, F. *Metamanagement.* São Paulo: Antakarana Cultura Arte Ciência, 2002.

KRAUSZ, R. *Trabalhabilidade.* São Paulo: Scortessi, 2017.

MAXWELL, J. C. *O livro de ouro da liderança.* São Paulo: Thomas Nelson Brasil, 2014.

ROTTER, J. "Aprendizagem social e psicologia clínica". 1954.

SENGE, P. *A quinta disciplina.* São Paulo: Best Seller, 2013.

SHARMA, R. *O líder sem status:* uma parábola. Campinas: Verus, 2010.

SCHEIN, E. H. *Cultura organizacional e liderança.* São Paulo: Atlas, 2004.

SINEK, S. *Comece pelo porquê.* São Paulo: Sextante, 2018.

TALEB, N. *Antifrágil.* Rio de Janeiro: Best Business, 2014.

WELCH, J.; WELCH, S. *Paixão por vencer.* Rio de Janeiro: Harper Collins, 2020.

ÍNDICE

SÍMBOLOS

4 Cs da baixa performance 151

A

accountability 27· 30

A Grande Renúncia, fenômeno 156

ambiente de aprendizagem 114

antifrágil 33–35· 100· 131

líder 34–35

armadilhas culturais 81

atitude protagonista 20

autoconfiança 58· 103· 126–127· 145· 152

autoconhecimento 40· 59

autodesenvolvimento 37· 173

autoestima 38· 53

baixa 55· 57

autogestão 37–38

autoliderança 40· 42

autonomia 11· 20· 102

autopercepção 169

avaliação de desempenho 134· 152· 166

B

baixa performance 104· 140–141· 152· 154

aceitando a 154

baixo performante 140

Bertram Raven 70

boa comunicação 122

C

canalizar corretamente a emoção 48

capacidade de influenciar 24

Carl Gustav Jung 41

carteirada 78

Chris Argyres 135· 138

Cisne Negro, conceito 34–35

coaching 128

Código de Hamurabi 12

comando e controle 13·21·104

compartilhamento de informações 92

compreensão correta do papel 8

comunicação

integral 95

significativa 93·130

conceito 70/20/10 111·114·126·152

concepções equivocadas 8

consciência organizacional 1

construção democrática 85

contrato

como ferramenta de gestão 83

comportamental 84

conversas sobre carreira 155·164

crenças 18

crises de mercado 66

cultura 9

curva de aprendizagem 111·123

D

David McClelland, psicólogo 64

delegação 115·118

desafio do pensamento, mecanismo 139

desenvolvimento

da equipe 27·77·114

de sucessores 26

diversidade de pessoas 83–84

E

economia 13

Edgar H. Schein 109

empatia 8·40–41·155·165

empregabilidade 25

engajamento 101·103

envolvimento emocional 70

Era Digital 19·35·77

Eric Berne, psiquiatra 52

Escada de Inferência 135·139

escuta

ativa 41·125·165·169

capacidade de 40

espelhamento 166

êxodo rural 18

F

fatores motivacionais 168

favoritismo 139

feedback 41·128·143·144·145·146·147·149·169

ÍNDICE **179**

de melhoria 75

Feedback 143

Frederick Taylor, autor 13

funcionamento consensual 84

G

generalizações 147

gerenciamento emocional 43

gestão

ambidestra 36

da mudança 89–90

das emoções 41·43

do desempenho 86·133

do know-how 36

gestão emocional 44·48–49

H

habilidade em dar uma resposta 11

habilidades essenciais de liderança 9

hard skills 101

Henri Fayol, autor 13

Henry Ford 19

hierarquia 12·26–27·58·112

I

impacto emocional 27

império babilônico 12

iniciativa 19–20·31

inovação 20

inspirar as pessoas 24

inteligência emocional 37·41·44·47

intraempreendedorismo 30

J

Julian B. Rotter, psicólogo 63

K

Kenneth Blanchard, autor 100

L

legitimação 165

liderança 6

ambidestra 32·90

humanizada 41

líder coach 77

lócus de controle 61·129

M

MA³ 155·167

machismo 56

maior responsável pelo desenvolvimento do colaborador
112–113

medo do desconhecido 91

melhoria contínua 31

microgerenciamento 35–36

mindset 1·31·95

motivação 14

N

narcisista 144

Nassim Nicholas Taleb 33

neurose 138

níveis de maturidade 101·128·152

  da equipe 99

nível hierárquico 9

O

obstrução do pipeline de liderança 26

ownership 30

P

pandemia do coronavírus 34·38

papel

  da gestão 6

  da liderança 1·8·11

  da mulher 4

paradigmas 18

passos da conversa sobre delegação
118

Paul Hersey, cientista comportamental 100

pensamento inconsciente 41

perguntas empoderadoras 123·129

plano de desenvolvimento 118·170

poder 11–12

  de mudança 30

  do hábito 6

  hierarquia de 14

  horizontalização do 38·84

  sete bases de 70·74

pontos de fragilidade 34

posições existenciais 53·64

postura

  meritocrática 79

  negativista 57

poterit 100

práticas sistemáticas 2

proatividade 31

processo

  de aprendizagem 117

  dialético 27

  mais horizontalizado 31

protagonismo 2·27·87

  estímulo ao 85

R

racismo 5

  estrutural 5

Ram Charan, autor 26

rapport 49·155·163

relações ganha-ganha 53

representatividade das mulheres 4

resiliência 34

resistência 48·89·90–91·146

responsabilidade 8·112·115·158·164

responsabilização 20·63

Robin Sharma 40

S

saúde mental 41

segmento de mercado 9

Segunda Revolução Industrial 18

senso de pertencimento 32·85

sentimento de perda 92

síndrome

  da Branca de Neve 25·54

  do impostor 44

skills

  humanas 40

  soft 1·8·101

sociedade 4·13

T

técnica

  E.L.E. 165

  IDE 46–47

  I do/We do/You do 123–124

  MA^3 155

Teoria da Liderança Situacional 121

turnover 156

  redução do 155

V

vieses 40·133·136

violência física e psicológica 4

vulnerabilidades 41

W

We do 123, 124, 126, 127

Y

You do 124

Z

zona

de conforto 25, 31, 91–92

de influência 160

Este livro foi impresso nas oficinas gráficas da Editora Vozes Ltda.,
Rua Frei Luís, 100 – Petrópolis, RJ.